私たちはまだマインドフルネスに出会っていない

心理学と仏教瞑想による創発的対話

杉浦義典
井上ウィマラ

日本評論社

はじめに

マインドフルネスという言葉はすっかり社会に広まり、「瞑想を実践している」といっても「カルトには興味ないので……」という反応をされることもなくなりました。このようなタイミングで、この本で試みようとしているのは、今を生きる私たちがマインドフルネスの智慧をどの程度まで理解できたのか、どの程度まで体得できたのかを、精いっぱい背伸びをしながら振り返ってみることです。このようにいうと、すでにこれだけたくさんの書籍があり、学術論文も多数発表されている中で、「今さら何を?」と思われるかもしれません。しかし、知っているという判断が思い込みにすぎないと気づくことは、ブッダの同時代人であるソクラテス以来重視されてきた智慧をつかむための第一歩です。

この本の内容は、筆者の井上ウィマラと杉浦義典が二〇二〇年一二月から一月にかけて開催された、日本マインドフルネス学会の大会で行った対談がもとになっています。この大会は、新型コロナウイルス感染症の予防のため、オンラインで行われました。そこでは井上ウィマラが「マインドフルネスと〝いのち〟の全体性」というタイトルで、杉浦義典が「Stay Home の幸福」というタイトルで、それぞれ講演を行いました。

学会というのは、発表を行うとともに、あとでの意見交換を楽しむ場でもあります。オフラインであれば食事とともに文字通りの饗宴（複数の発表者が一堂に会する形式をシンポジウムと呼びますが、シンポジウムを漢字で書くと饗宴です）となるところですが、オンラインなのでメールでのやり取りが始まりました。井上ウィマラからのコメントに返信しようとメールを打ち始めたとき、杉浦義典はふと思いました。

「メールの文面よりも、Zoomで語り合ったほうが楽しいのでは？」

すでに授業や会議など、オンラインでの発表を行うことにも慣れてきていました。そこでせっかくなので、Zoomで対談をしてみようと杉浦義典から提案し、対談が実現しました。オフラインの学会であれば、参加者は遠方から旅行をしてきて集まりますから、プログラムを新しく追加することはスケジュール的にできません。しかし、家に居ながらにして参加できるオンラインの学会ゆえの柔軟性があります。もっと正確にいうと、発表プログラムといった形式の整ったものではなく、一緒に遊びにいく約束という感覚に近いものでした。ちょうど年末の休日に入ろうとする時期です。のちにその内容は、「マインドフルネス・いのち・遊び」というタイトルで学会の参加者に公開しました。

心理学や精神医学は、実証的なデータに基づいて心を理解すること（エビデンス・ベイストと呼ばれます）を重視します。エビデンスは日本語でいうと証拠です。この言葉からは動かぬ証拠といった言い回しが連想されますが、エビデンス・ベイストとは新たなデータによってものの見方が変化することを受けいれる姿勢でもあります。加えて、データのみでなく、データを取ったりそれを分析する手法も変化するものです。動かぬ真実ではなく、変化すること、無常であることを受けとめる知のあり方です。

誤解のないように、さらに強調しておきたいのは、実験やデータを重視する自然科学的な研究だけがアップデートされているわけではないということです。歴史上の人物であるブッダは、二六〇〇年以上前の人物です。その教えを記録した原始仏典は、心理学や精神医学の歴史よりもはるかに長い間読み継がれてきたものです。言い換えれば、その智慧をくみ取るための研究が長い間なされてきたのです。「古い映画というものはない。映画は上映されているとき、いつも現在です」という映画評論家の蓮實重彦氏の言葉を思い出します。古典的な文献の研究も、現在の学問の粋を集めて読み取られた成果なのです。科学研究に最先端があるのと同様に、文献の研究にも最先端があります。つまり、古典とされる文献の研究は、古いものの繰り返しではないのです。原始仏典に書かれた、ブッダの伝えたかったことを理解するには、現在の成果でもまだまだ遠いのかもしれないという実感が本書のタイトルに反映されてきています。

もちろん、長い歴史の中で古典が硬直した権威として使われたこともあるという「黒歴史」は否定できません。しかしだからこそ、その智慧を曇りのない目で読み解く必要があります。原始仏典にももちろん、歴史上の人物であるブッダが生きた文化的背景は反映されています。たとえば、優れたあり方をバラモンと呼んだり、徳の欠如を当時の刑罰制度を引用しながら戒めています。同時に、そこで主題となる人間の身体や生は時代を超えたリアルなものです。ブッダも現在を生きる私たちも呼吸をしています。その点は同じなのです。

一方で、現代を生きる私たちには、呼吸というと大ヒットアニメの『鬼滅の刃』を思い出させるものでもあります。『鬼滅の刃』の舞台は大正時代ですが、そこに描かれるいのち、やさしさや呼吸、強さも、また時代を超えた普遍的なものです。

このように、一つの視点に固執しないように気をつけながら、精いっぱいマインドフルネスについて語ったのがこの本です。往々にして、精いっぱいに努力をしていると人は硬くなりがちです。対談自体も、最初は特に時間制限を設けずに行いました。最後まで遊びを忘れないために。

もちろん、読みやすさのために、本書は序章を含めた七つの柱に分けて論じます。同じことに異なった視点から光を当て、また繰り返していくという書物の構成そのものは、瞑想実践が人と人の「あいだ」で進むことの鏡映でもあります。

『鬼滅の刃』とマインドフルネス

対談のトピックの一つが、コミック、アニメ、そして劇場版が記録的なヒットとなっている『鬼滅の刃』でした。杉浦は『サブカルチャーの心理学』(1)という書籍に寄稿するくらい、アニメが好きなのですが（それがゆえに?）、あまりにメジャーになってしまった作品を少し敬遠していたところがありました。しかし、対談後にコミックを読み始め、気がつくとすっかり惹き込まれていました。たしかにそこには、対談を通じて考えたかったこと、さらにはその内容を一冊の本にして多くの方に読んでほしいと思ったことが表現されていたのでした。

なお、本書では多くのネタバレを含みます。そのことをご了承のうえで、読み進めていただければと思います。『鬼滅の刃』をまだご覧になっていない方は、コミックやアニメに一度目を通しておくとより本書を楽しめるかもしれません。あるいは、本書を読んで興味をもってくださった方は、ぜひご覧になってみてください。

認知・記憶と注意・集中

二〇〇〇年以降、マインドフルネスは認知科学と密接な関係を保ちながら、広く普及しました。マインドフルネス認知療法は、認知科学の知見を臨床心理学に応用する研究をリードしていたジョン・ティーズデール（John Teasdale：1950- ）やマーク・ウィリアムズ（Mark Williams）[2]によって開発されました。また、注意機能などをトレーニングによって向上させると、脳が変化することも、技術の進歩とともにわかるようになりました。一方では、現代の研究で明らかになった認知のプロセスは、安全な瞑想実践を行うための技法によって早くから知られていたのです。体験的な叡智と実験的な知見が出会うポイントが示されます。

育つことと死ぬこと

ブッダは妻子を残して出家しましたが、のちに妻子を出家させ最高の遺産を継承させました。瞑想は看取るというケアとも密接に関連しています。近年では、マインドフルネスが営利企業の研修で用いられるなど、看取りや生命を見つめるという部分からは離れてしまっているように見えます。心理学の実証研究でも、マインドフルネス瞑想が効果をもち、有害な影響をもたないようにするためには、思いやりという倫理が不可欠であることがわかってきました。

自己と他者

瞑想は一人で座ることもできますが、マインドフルネス瞑想を取り入れた治療プログラムは、グループで行うように構成されています。多くの心理療法が一対一の対話という形態が基本で、それを集団でもできるように拡張されているのとは異なっています。僧という言葉がサンガという集団を指すものであったように、マインドフルネスには人とのつながりが含まれているのです。また、瞑想では自己への執着から離れることを重視します。自己を相対化する視点は、心理学からも得られています。やみくもに自己は幻想にすぎないなどと喧伝するのではなく、自己の成り立ちを丁寧に分析するという瞑想と共通した知見を紹介します。

赤ちゃんと音楽

自己と他者について考察をしていると、おのずとその始まりについての考察に導かれます。マインドフルネス瞑想によってさまざまな感覚に気づくことを続けていると、人と人とのつながりにも多くのチャンネルがあることに気がつきます。音楽というコミュニケーションの始まりの形を手がかりに考察をしてみます。人と人との共鳴や鏡映によって人間が成り立ってくる様子が描かれます。同時に、赤ちゃんと大人というきわめてパーソナルに見える領域に入り込む権力の形についても考えます。

いのちの全体性

医学、心理学、哲学といったように学問分野は分かれ、また、その中でも焦点を当てる対象によってさらに細かく分かれます。本書の柱の構成も、心理学の分野の区分を借りて、マインドフルネスに対してさまざまな角度で考えようとするものです。『鬼滅の刃』では、柱たちがそれぞれの特性に応じた呼吸の型を磨いてきているのと同時に、それらに共通の始まりの呼吸もあります。また、鬼を倒すためには柱たちがそれぞれ力を合わせます。対話の最後にどのような「いのち」の全体性が見えるのでしょうか。

人間の精神を信じ、それを高めることを目指して、哲学は長い歴史を積み重ねています。思い込みを疑ってみるというやり方は、ソクラテスがよく生きることについて対話をしたときに、あるいはヘレニズム時代の懐疑派の哲学者が心の平静さを得たときに、そしてデカルトが近代科学の発展の礎となる哲学を打ち立てたときに、活躍してきました。精神や理性への信頼だけからは見えにくくなっている、いのちの全体性に目を向けます。

杉浦義典

私たちはまだマインドフルネスに出会っていない　目次

第二章　認知・記憶と注意・集中

第三章　育つことと死ぬこと

第四章　自己と他者

序章

序章

再会と円環

杉浦義典

心理学が産声をあげたのは、一九世紀が二〇世紀になろうとするそのときです。このように比較的若い学問であるため、自身が学んできた経験の中からでも「歴史」を感じることができます。たとえば、研究の中で感じているおぼろげな違和感や気づきが、いずれ意味のあるものとして広く共有されるようになる大きなうねりを、研究のさなかに実感することができます。ここでは、私自身の心理学の研究を振り返りながら、マインドフルネスと出会った必然や、いのちの全体性にどのように近づいたのかを考えてみます。

認知の再発見

一九九〇年代初頭に臨床心理学に興味をもった私が進学したのは、教育心理学が専攻できる学部でした。そこでは認知心理学の考えを主に学びました。判断や記憶といった認知のメカニズムが、狭い意味での知的な活動以外でも働いていることを知りました。人間関係はその人が相手をどのように認知しているかに影響されることや、勉強などのやる気は自分のテストの点が良かった（悪かった）のはなぜかを、その人自身がどのように認知（説明）するかによって変わってくることも知りました。そして、認知に働きかけることでうつ病などを治療する認知療法というものがある、ということも授業では短く触れられました。

三年生の後半には、学術論文を実際に読んでみる演習に参加しました。そこでは、実験的な記憶の研究について、うつ病から回復した人を研究の対象にした論文を選んで発表しました。発表資料も手書きの時代でした。私が選んだ論文は、実はのちにマインドフルネス認知療法（ＭＢＣＴ）を作りあげたティーズデールの著によるもので、うつ病の症状が治まっていても、暗い音楽を聴いたあとではネガティブな単語を記憶しやすくなるという論文でした。[1] ネガティブな認知は、症状が改善しても隠れて持続しているというわけです。ならば、それが再びうつ病という形で暴走しないようにする必要があります。そしてティーズデールらがたどり着いたのがマインドフルネスだったというのがその後の展開ですが、初学者の私にはそこまでは知る由もなく。

とりあえず私の学生時代に時計の針を戻します。卒論は、臨床心理学に認知心理学の考え方を援用するという研究の方向性を選びました。異なるもの同士の出会い（再会）というものが何よりも魅きつけられる点です。今から振り返ってみれば、それからさらにのちに、仏教と心理学というもっと遠い昔に別の道に進んだ「兄弟」の再会にも立ち会うことになりました。

認知心理学の典型的な研究手法は、コンピュータの画面上の図形に素早く反応してもらったり、ランダムに生成された数字の列を覚えてもらったりなど、刺激の内容によって実験の結果に影響が出ないようにしているものが主流です。ところが、それらの無意味な刺激のかわりに感情を引き起こす単語を用いると、図形やランダムな数字を用いたときと実験の結果が変わるということが、一九八〇年代後半頃にわかってきました。MBCTの創始者であるティーズデールやウィリアムズがそのような研究を牽引しました。[2] 感情に関する情報が認知に大きな影響を与えるという知見は、うつ病や不安症に苦しむ人はネガティブなものの捉え方に偏ってしまうという認知療法の考え方と整合的です。この時期（一九九〇年代）には、まだ感情に関する内容を処理している注意や記憶の働きそのもの、あるいは認知過程と脳との結びつきについてあまり考えられていませんでした。

私自身は心配というネガティブな内容の認知について研究を行い、嫌なことについて考え続けてしまうのはなぜかという問いを立てました。心配症がひどくなり、生活に支障が出るに至った状態を全般性不安症といいますが、一難去ってまた一難の言葉通り、次から次へ心配になり、その内容は変遷します。つまり、個々の心配事の内容からはそのメカニズムが見えにくいのです。そこで困ったことについて考えるとき、その考えを自分でどのようにモニターして制御しているのかというメタ認知のメカニズムを研究しました。

一連の研究の結果、心配性の人は、困った問題について考え続けなくてはいけない、という義務感を強く感じていることを見出しました。この研究が一段落して博士号を取得したのが二〇〇二年。今度は、その心配を低減する方法について探し始めました。心配は義務感を過剰に感じて頑張りすぎてしまうことに由来するとすれば、力を抜いて問題から距離をおけるようになるのがよいのでは、と考えました。そして、森田療法やフォーカシングを学んでいる過程で出会ったのがＭＢＣＴでした。

呼吸への注意や、今生じているあらゆる体験に目を向けることなど、ネガティブな認知を扱うことと一見重ならないように見える方法が、まさに心配性の研究で見出した固執性への対処としてマッチしている点に魅力を感じました。また、生きた人の脳活動を計測する技術（機能的脳画像）が広く用いられ始めた時期であり、前頭葉（理性）の働きが向上することで扁桃核（感情）の活動が抑制されるといった知見も登場しつつありました。

ある心理的な過程を支える脳の活動を見るときには、脳画像の撮像時にその場で関心となる心理的な過程を生じさせる必要があります。計算をしているとき、文章を読んでいるとき、といった活動と比べて感情のコントロールを実験室で生じさせるのはなかなか難しいものです。興味深いことに、ジョアンナ・レベック（Johanne Levesque）やマリオ・ボーリガード（Mario Beauregard：1962- ）といった最初期のパイオニアたちが研究で用いた方法は、感情から距離をおくといった技法でした。[3][4] マインドフルネスという名称こそ用いられていませんでしたが、まさに内容はマインドフルネスです。いろいろなものが一気につながったように感じました。

自己という他者

心理学でも脳科学でも、多くの人がこれが自分だと思っているものを相対化する知見が少しづつ出てきました。自分の経験を思い出してみると、自分が自分であることをアイデンティティと呼ぶと習ったときには、なんとなくしっくりこない感じがしました。同一であることこそが、自分の証であるという感覚への違和感です。現在のようにインターネットがあたりまえになってくると、アイデンティティというのは、なりすましや擬装のようなあからさまな欺きではない、程度の意味なのかもしれませんが。

とはいえ、多くの学問分野で、自己や自分にかかわる現象は、さまざまに検討されています。他者に対して自己紹介をすること、行動が自分の意志に拠っていること、身体が物理的にある場所と、自分がどこから物事を見ているかがなぜか一致することなどです。これらについて多くの研究が蓄積されてきました。動作をするときには、動かそうという意志が意識される前に実際に動いていたり、身体の変化が起きたりすることがわかってきました。また、本物の腕をくすぐると同時に、作り物の腕をくすぐっている映像を見せると、作り物の腕が本物のように感じられるという知見もあります。物理的な実在と私たちの見えるものがずれることを錯覚といいます。遠くに見えるものの大きさが錯覚されるならまだしも、自分の身体は間違いなくこの場所にあるという認識すらも錯覚を起こしてしまうのです。

これらの知見から、自分なんてものは存在しない、幻想であるという主張も聞かれるようになりました。私自身は、自分や自己というものは通常思われているよりも限界があるという理由で、そのようなものは存在しないと結論する論法は、少し飛躍に感じられます。たしかに、「自分探し」や「自己承認欲求」という言葉に振り回されている人にとっては、一考の価値のある考え方だとは思うのですが。

あらためて、自己だと感じている現象は錯覚も生じる。しかし、自己に関する認識を形成するために、脳の中の非常に大規模なネットワークが、起きている時間のかなりの部分を割いて活動していることもわかってきています。(5) ただの幻想のためにここまでのエネルギーを注ぐ必要はあるのでしょうか。自己が常に自分をわかり、コントロールしているのではないとして、ままならなさというものを欠陥と捉えるのではなく、それも含めたものが自己だと捉えたらどうなるでしょう?

自分のままならないものの代表は、他者との関係です。自己というものは、子育てをする親や、犬の散歩をさせる飼い主のようなものなのかもしれません。子どもや犬とはいくら近しくても、別の個体です。すると、自己と自分の経験の関係は完全なコントロールかあるいは幻想か、という枠組みよりも、調和的な関係かどうかという軸で見たほうがよいかもしれません。

心をコントロールすることの難しさという問題は、私の研究の当初からずっとあった問題でした。心配は、困ったことを何とかしようとする努力に由来するはずなのに、自分の手に負えなくなります。最初から最後まで、まったく自分の意志とは関係なく生じるのではないのです。自由意志が一筋縄ではいかないことを実感する現象です。マインドフルネス瞑想は、たしかに不安や抑うつを低減します。それは、不安やうつはなくすべきだと考えてそれを抑えつけようとするのではなく、むしろその努力を手放すことによって行われるのです。ちょうど、早く寝かしつけようと思うほど、どうしても寝なかった赤ちゃんが、気がつくと寝息を立てているように。

子育て・看取り

マインドフルネスでは、あらゆる体験に注意を向けます。一方、社会生活では圧倒的に視覚が優位です。マインドフルネスストレス低減法の提唱者、ジョン・カバットジン（Jon Kabat-Zinn：1944-）のワークショップでは、「五感というけど、五つだけということはないですね」という言葉が印象的でした。一方、赤ちゃんにとっては、肌の触れ合いや、ミルクが消化管を通る感じこそが世界との接点でしょう。これを支持するように、腸には非常に多くの神経細胞が存在し、脳と密接に結びついています。また、多くの腸内細菌に支えられて機能をしています。抱っこやミルク、おしめ換えこそが、赤ちゃんにとって、映像などよりも優れた刺激になります。

五感を研ぎ澄ませて、という言葉が意味をなす程度には、大人は赤ちゃんの頃のことも、自分の人生の終末も忘れて過ごしています。誰もが通る道ながら、知っているわけではない。ターミナルケアやホスピスなどから学ぶ必要があります。

コミュニケーションと音楽

人が世界と接して受け取るものは五感にとどまりません。身体の中の〝感じ〟でもいろいろあります。同じように、コミュニケーションといっても実にさまざまなルートがあります。大きな教室での講義のことを一方通行の授業、と呼ぶ人もいます。実際にその場で授業をやってみるとわかりますが、一方通行と感じる要素は微塵もありません。同じ空間にいるだけでも先生と学生、学生と学生の間でいろいろな影響が双方向に生じています。一方通行なのではなく、先生の話がよく聞こえるようにその他のチャンネルは極力絞ってほしい、というだけなのです。授業を聞いている人が、ちょっと感想をつぶやくというのもそのこと自体は結構なのですが、教室だとざわざわしてしまいます。オンライン授業ならば、ニコニコ動画のようにコメントをリアルタイムで流すことができます。文字情報は声よりもノイズとなりにくいものです。授業をする側も、少し込み入った内容を話すときは一瞬目をつむることもできるし、受講生もどうしても気が散ると感じたら、コメントの流れる画面を小さくしたりもできます。このようにコミュニケーションのチャンネルは無数にあるのです。それぞれのメリットとデメリットを勘案しながら、いろいろ微調整すればよいわけです。

赤ちゃんとのコミュニケーションを見ると、肌の触れ合い、言葉や表情として分節化される前のリズムなど多くのチャンネルがあることに気づかされます。それは音楽でもあります。

他の動物に広げても、さまざまなコミュニケーションが生じています。チンパンジーが短い文なら理解できることを示した実験があります。その実験では、チンパンジーはボタンを押すという形でコミュニケーションをとる装置を用いました。人に近い知能をもつものの、声のバリエーションがあまり多くないという点が大きく違います。

音声によるコミュニケーションには、歌も含めることができるでしょう。豊富な音声のバリエーションを活かしているという意味では、歌声と言葉は似ているようにも思われます。しかし、コンピュータは歌と発話の違いを明瞭に示します。自然な歌をうたうボーカロイドが商品化されたのは二〇〇四年、その中でも代表的な初音ミクの登場は二〇〇七年です。一方、会話文などを読み上げる機能はいまだに抑揚のない機械的な声です。歌声というのは、視界の外の遠くの相手にも伝わります。鳥たちの求愛や危険信号の声もそうですし、平安貴族が御簾の向こうの相手へ呼びかける恋の歌もそうでしょう。一方、会話は「会って話す」と書き、面会と言葉の複合です。身体の姿勢や話の抑揚が、相手を見るところからも生じます。

再会と円環

心理学でさまざまに分化した分野が、マインドフルネスに触れることで再び出会うという歴史の動きやそれを経験したことを指すために、このタイトルをつけましたが、いのちを見つめるとき、円環というものはもっと重要な意味があるかもしれません。二〇世紀には、より進歩した社会を作るためという大義名分のもと、戦争や革命、独裁によって多くのいのちが失われました。二〇世紀後半の先進国は、経済が成長すればもっとよい世界になると信じて、今を忘れてがむしゃらに突き進みました。ですが、どうやら先延ばしにされた楽園という約束が実現する気配はありません。かわりに、経済成長には限界があること、そもそも経済の成長が幸福や生活の豊かさとはあまり関連がないことが見えてきました。その一方で、環境破壊や格差などの経済成長のしっぺ返しは確実にやってきます。現

どこまでも直線的に上昇を続けるという夢から覚めたところに、いのちの円環が見えてきます。現

代の心理学からスタートした研究の歩みと、原始仏教に基づく実践の智慧がなぜ出会うことができたのでしょうか。円環と直線という時間の流れでいえば、心理学は若い科学であり、進歩を重んじています。「その知見はちょっと古いよね」と口にしたり、大学の演習では過去五年以内とか、一〇年以内の研究論文を探すようにアドバイスします。このように、原始仏教と心理学ではそのスタンスがずいぶん違うように見えます。それでも、その二つが必然として出会うことができるのは、いずれも観察の力を磨きその中から発見すること、そのような気づきをも相対化し続けること、という共通点があるからです。観察の重要さが繰り返し登場する円環的な歴史です。

心理学の歴史をひも解くと、最初の心理学実験では、ドイツのヴィルヘルム・ヴント（Wilhelm Wundt：1832-1920）によって、訓練された実験参加者に自分の心を観察してもらう「内観」という方法が用いられていました。その方法はすぐに廃れ、現在の心理学者が当時の内観を研究で用いることもありません。しかし、二〇〇〇年以降、マインドフルネス瞑想が広まり、自分の体験を観察する精度は上げることができるようになりました。そのように観察すると、認知心理学で解明されたプロセスが一人称で体験できることがわかってきました。あるきっかけで認知が生じ、身体の反応が続き、といったような、認知心理学のモデルと同様の気づきは、五蘊《ごうん》としてすでに原始仏典にまとめられています。

観察を続けることで、出会うことが可能になる。古典とは、疑問をもつことを排除するように教条主義的に受け継がれているものではありません。常に研究が続けられているからこそ、古典なのです。心理学の知見も進歩した今、それを読むことの意義があるのです。原始仏典も文献的な研究は長い伝統がありますが、そこに書かれていることを実際に実践して一人称で確かめ、さらに実験データとも照らし合わせるというのは、今だからこそできる新しいアプローチです。最先端が実はルーツと一致する。これは円環だからなせることです。

観察すること

その目で、その耳で……、観察することの重要さをあらためて認識した経験があります。心理学にとって二〇一〇年代は非常に高度なテクノロジーが注目された時期です。インターネット上に蓄積される膨大なデータを掘り起こすビッグデータや、神経細胞や遺伝子レベルでの研究とも接点が模索されていました。その時期、学会等で「ハイテク」な研究へのコメントを求められる機会が増えました。私自身は、ハイテクの専門家ではありません。

そのような縁を不思議に感じていたとき、一九世紀末から二〇世紀初頭の状況にふと思いが至りました。いうまでもなく科学技術が加速度をもって発展し始めた時期です。当時の物理学者であり、哲学者でもあったエルンスト・マッハ（Ernst Mach：1838-1916）は、原子はもちろんさらにミクロな要素へと力点を移行しようとする物理学に対して、みずからの感覚により直接観察することが大事なのだ、という考え方を主張しました。[6] 一方、二〇世紀の半ばに経済学者であり哲学者でもあったフリードリヒ・ハイエク（Friedrich Hayek：1899-1992）は、国家のような大きな集団での経済の流れを直接知ろうとすることには無理があると主張し、小集団を対象とした実験で、人々がどのように相互作用するのかという観察を重視する方法論的個人主義を提唱しました。[7]
その後の二〇世紀から現代に至るまでは、マッハやハイエクの重視した方向とは異なる方向で科学技術は発展してきました。しかし、極度に小さな世界、極度に大きな世界を扱うことに対して、自分の感覚を通じた観察に軸足を戻そうという主張は、二一世紀の今、なおさら説得力のある主張ではないでしょうか。間違いなく、ミクロな世界、マクロな世界についての研究は進んでいます。その一方で、一人ひとりの生きているリアリティが見えなくなることもしばしばです。一人ひとりの主観的な体験を聞き取ったり、肉眼でも観察の可能な行動を記録したりといった泥臭くも見える方法によって確認をしたくなる、ということでしょう。
さらに、Evidence Based Medicine（ＥＢＭ）という言葉が用いられるようになった背景の一つも、権威ではなく観察に基づいた判断へという動機があったはずです。「これは私の師匠（偉い人）から教わったものです。だから異論は許しません」という主張がまかり通っていたことへの反省です。ただ、言葉というのは用いられているうちにニュアンスが変容することもあります。昨今はとにもかくにも数字を持ち出して無理な主張を通そうとする人がいるのはたしかです。このような数字の暴走については、いのちの全体性の章で、自分自身も統計的手法を用いて研究をしている立場から考えてみたいと思います。いのちを見つめる観察という原点に戻ることを忘れないことは、本書全体を通じたメッセージの一つです。

念　今の心

現象を切り分けるという手法で研究が進んだのであれば、それをまた組み直すこともあります。経済成長を目指して必死であったときは、生きるというリアリティそのものが「将来のために、今あるものは犠牲にする」という形で切り分けられてしまっていたともいえます。組み立て直すのは、今、この場です。経済成長が暮らしの豊かさにつながらないことが実感されたり、(感染症という望まざる敵のせいではあるものの）安息の時間が生じた、今だからできることを考えるのがこの本です。『鬼滅の刃』がコミック、TVアニメ、劇場版と続けてヒットしています。鬼である猗窩座《あかざ》は永遠に生き続けることで強さを無限に向上させようとします。鬼の黒死牟《こくしぼう》も、やはり剣術を究めようとします。大正時代が舞台ながら、この二体の鬼の姿と最期は、永遠に向上する直線が幻想であることに気づきつつある私たちの今に重なります。呼吸によって見える世界はどんなものだろうか。それを考えてみようと思います。

序章　マインドフルネスの故郷を訪ねて

井上ウィマラ

マインドフルネスの起源について

マインドフルネスの起源は、二六〇〇年ほど前にブッダが説いたsatipaṭṭhānaという実践にさかのぼります。この言語はブッダの話した言葉に最も近いとされるパーリ語というインドの古代口語で、最初期の仏教の概要を伝える上座部仏教の経典言語になっています。satiは「思い出す」ことを意味する動詞saratiの名詞形で、「思い出すこと」や「忘れないようにして注意していること」を意味し、漢訳仏教では「念」と訳されてきました。「今」何が起こっているのかを、はっきりと意識していられる「心」です。英語では、さまざまな試行錯誤を経て二〇世紀初頭にリス・デイビット（Rhys Davids：1843-1922）によるmindfulnessという訳語が定着しました。(1)

paṭṭhāna は、「立つ」を意味する√ṭhā から派生した語幹の ṭhāna と、「普《あまね》く・しっかりと」を意味する接頭辞の pa とから構成される言葉で、「確立すること、土台」などを意味します。satipaṭṭhāna は、漢訳では「念処」、英訳では foundations of mindfulness あるいは establishment of mindfulness と訳されていますが、私は「気づきの確立」と訳すことにしています。

ここで、sati（念）がなぜ「気づき」を意味しうるのかについて、簡単な思考実験をしながら考えてみたいと思います。以下の順で、自由にいろいろなことを思い出してみましょう。

一〇年前のこと、五年前のこと、一年前のこと、一か月前のこと、昨日のこと、一時間前のこと、一秒前のこと。

どんなことが思い浮かび、思い出す行為はどんな体験になっていたでしょうか？　この思考実験のハイライトは、一秒前を思い出してみる行為が、それまでとは劇的に違う体験になってしまうところにあります。一秒前は、思い出そうとする間に時間が流れ過ぎてしまうので、言語的思考で5W1Hを使って思い出すことができません。思考では思い出せませんが、呼吸の感触や心拍の鼓動、見えているだけ、聞こえているだけの状態に触れて感じていることはできます。それは「純粋体験」とも呼ばれる状態です。

こうして一秒前を思い出す体験は、言語による論理的思考に慣れている人にとっては、何が起こっているのか理解できない居心地の悪い体験に思われるようです。その一方で、感じることに慣れ親しんで言葉にできないものを大切にしている人にとっては、静けさや永遠に触れることのできる体験にもなりうるもののようです。

次に、この思考実験をもとにして、『私』を主語にして言語的に考えるためには何秒くらいの時間が必要か」について考えてみましょう。人によって、数秒から、数分と答えてくれる人もいます。日常生活では、「私」を主語にして考えるためにこうした時間の経過が必要であることに気づくことはほとんどありません。ところが satipaṭṭhāna を実践していると、人生のあらゆる場面を繰り返し見つめているうちに、日常的な意識状態と今ここでいのちの流れを感じているだけの純粋体験のような意識状態を自覚的に往復することができるようになります。すると、これまで「人生の苦しみ」だと思われていたことは、自分が自分のこだわりによって作り上げてしまったものであることに気づくようになります。この「気づき」によって、こだわりのパターンが自然に緩んで楽に生きやすくなるチャンスが生まれてきます。ブッダが satipaṭṭhāna を説いた理由はそのあたりにあったのではないかと思います。

satipaṭṭhāna の実践体系とその特徴

satipaṭṭhāna の実践体系は、中部経典の一〇番目に収められている "satipaṭṭhāna-sutta"（念処経、気づきの確立に関する教え）にまとめられています。[*1] そこでは呼吸をはじめとする観察対象が一三のグ

＊1　伝統に最も忠実で信頼できる注釈を含めた翻訳として、片山一良による『中部—根本五十篇Ⅰ（パーリ仏典　第1期1）』（1997, pp.164-187）がある。

ループにまとめられ、それぞれについて自分の呼吸を見つめること、他者の呼吸を見つめること、自他の呼吸を見つめることという三つの観察視点が説かれています。おそらくブッダは今でいうミラーニューロンの存在を感じ取っていたので、こうした間主観的な観察をしなければ、「私」についての言語的な概念の限界を超えられないことを直感していたのだと思います。

呼吸は、数えたりコントロールしたりするのではなく、一瞬一瞬、長さも深さも微妙に違っている、変化し続ける自然な呼吸をありのままに見つめることが説かれています。吸い始めから吸い終わりまで呼吸の全体を、身体全身で感じていきます。なぜ吸い始めるのか、吸い終わったあとに身体はどう動いているのか……。現代では呼吸の生理学として知られるようになった微細な生命現象を、自分自身の身体で感じ取っていくのです。

他人の呼吸や自他の呼吸を見つめる実践は、日常生活でのコミュニケーションをつぶさに見つめていく観察へと私たちを導いてくれます。そして、息がはずむ、息をひそめる、息が合う……といった言葉遣いを生み出してきた先人たちの身体感覚が想像できるようになります。

こうして呼吸を観察していくと、それまでは「私が呼吸している」と思っていたのに対して、「私」はいなくても、「呼吸」は周囲と身体と心の関係性の中で自然に生起し消滅し変化し続けているものであることが理解できる瞬間がやってきます。仏教では無我や空を理解する入口が開ける瞬間であり、キリスト教のような一神教では神の前にみずからを明け渡すことができるようになる瞬間です。こうした変容体験が起こるときには、マインドフルな心自体を見つめるマインドフルネス（**paṭissati**）が生まれていることも述べられています。この **paṭissati** という言葉は、**sati** に返照を意味する接頭辞 pati がついていることによって、現代ではマインドフルネスの働きを説明するために使われている「メタ認知」や「脱中心化」という働きを意味するものであることが読み取れます。

こうした観察戦略が、日常生活における姿勢の観察、動作の観察、身体部位の観察、感情の観察、思考プロセスの観察、感情や思考が複合して「私」という仮想現実（共同催眠）が創り上げられていく過程の観察などに展開されていきます。そしてこの経典の最後には、satipaṭṭhāna を実践することによって、人によって早いか遅いかの違いはあるにしても、その人なりの仕方で解脱が完成して、「尊敬に値する人（阿羅漢）」という存在になり、宇宙における生命現象という再生産の輪から自由になれる可能性が実現していくことが示されています。

satipaṭṭhāna の実践現場

出家修行者の生活規範を集めた『律蔵』の「大品」には、看病に関する章があります。[2] ある若い出家修行者が腹痛に苦しみ、みずからの糞尿にまみれて、誰からも世話されることなく見捨てられていました。それをブッダが見つけて侍者のアーナンダとともにきれいに洗って看護したことが因縁としてまとめられています。ブッダはまず看護してから彼に事情を聴きました。彼はどうやら自分勝手に過ごしていたようで、サンガと呼ばれる修行コミュニティの任務をなおざりにしていたために修行仲間たちから見捨てられてしまったようです。ブッダはサンガを招集して事実を確認します。そして、どのような事情があるにせよ、ともに修行する仲間たちは、誰かが病気や怪我をしたときには命終に至るまで看護し合うように教えました。

まだ病院のない社会ですから、何かあれば面倒を見てくれる家族から離れて修行の世界に身を投じた出家修行者たちは、看取りを含めた相互看病をしながら、修行コミュニティを営むべきだというのが、ブッダが修行者たちに示した理想でした。そのときの教えをまとめた言葉が、「私（ブッダ）の世話をしたいと思うのであれば、病気になった修行仲間の世話をしなさい」という教えです。

相互にケアし合い、看病し合うためには、相手のことを知ることに加えて、自分自身の状態をよく知ることが重要になります。自分の癖やそのときの状況がわからなければ、知らない間に自分の思い込みを相手に投影してしまって、相手の状態をありのままに知り、ふさわしいケアや看護を提供することができなくなってしまうからです。こういう意味で、相互ケアは間主観的な satipaṭṭhāna の実践現場として最適な臨床の場だったのです。

そのことを証するかのように、この章には「よき看護者になるための五条件」や、どんなに頑張って看病しても「困った患者の五条件」などがまとめられています。こうした項目がまとめられるくらいまでに真剣にお互いの世話をし合いながら satipaṭṭhāna を実践したのだと思われます。(3)

satipaṭṭhāna とケア

さて、satipaṭṭhāna という言葉の解釈には「マインドフルネスの確立」という一般的な解釈の他に、「マインドフルネスそのものがケアである」という解釈が可能であり、注釈書の中でも説明がなされています。それによると、satipaṭṭhāna は、sati と paṭṭhāna の合成語ではなく、sati と upaṭṭhāna（世話する、ケアする）の合成語である可能性があるのです。事実、経典には sati と paṭṭhāna との組み合わせはほとんどなく、sati と upaṭṭhāna とが組み合わされる用例がほとんどなのです。[4] upa という接頭辞は「近接」を意味します。近くに立つことが世話することやケアすることの土台になるのです。

こうして satipaṭṭhāna を「マインドフルネスそのものがケアである」と解釈してみると、ブッダの説いた satipaṭṭhāna の実践が、現代のマインドフルネスの実践として医療や心理療法の現場で活用され、その有効性が実証されてきたこととの深いつながりを感じ取ることができるのではないかと思います。

マインドフルネスの現代化

こうしてブッダの説いた satipaṭṭhāna は、上座部仏教のヴィパッサナー瞑想、大乗仏教の禅、チベット仏教のゾクチェンなどの多様な実践形態の中に形を変えながら保存されてきました。アジアではお互いに話が通じ合えないほどに分裂してしまった仏教瞑想の子孫たちでしたが、二〇世紀になると北米の文化的なサラダボウルの中で出会い直し、西洋型の新仏教運動の中で再統合に向かって進みつつあります。近代教育を受けて育った若者たちがベトナム戦争などを契機としてアジアの仏教瞑想に出会い、その中にユダヤ教やキリスト教では失われた観想技法を見出して、宗教を超えた科学的な新しい実践として蘇らそうとする潮流が生まれてきたのです。その代表例が、ジョン・カバットジンによるマインドフルネスに基づいたストレス低減法（ＭＢＳＲ：Mindfulness Based Stress Reduction program）です[5]。

カバットジンは、ノーベル生理学・医学賞を受賞したサルバドール・ルリア（Salvador Luria：1912-1991）のもとで分子生物学の博士号を取得しました。禅やヨーガを実践していて、ヴィパッサナー瞑想の集中合宿に参加した際にその効能を実体験し、「人生の苦しみに対してこのような効果をもつものを、現代社会のさまざまな苦しみが集まってくる病院で実践できる形に組み替えてみたい」というビジョンを得ました。そして一九七九年にマサチューセッツ大学医学部でＭＢＳＲを創始し、マインドフルネスセンターの所長として現代のマインドフルネスの潮流を生み出し、リードし続けてきました。

ＭＢＳＲは呼吸瞑想、ボディスキャン、ヨーガを中心として感情生活に関するジャーナルワークなどを含んだ八週間のプログラムで構成されています。インテイクとフォローアップの質問紙が充実していて、それを統計解析することによって効果を実証するというＥＢＭを先取りしたプログラムになっていたことが、医療や心理療法のメインストリームに取り入れられていく道を拓きました。

うつ病の再発予防に効果のあることが実証されたＭＢＣＴ（マインドフルネスに基づいた認知療法）がＭＢＳＲに基づいて作られたとき、ティーズデールたちのオックスフォード・チームは、マインドフルネスは本を読んで患者に説明すれば実践できるようなものではないことを痛感して、みずから大西洋を渡ってマサチューセッツに赴きました。彼らがそこで学んだことは、セッションをファシリテートするインストラクターたちの役割は、単に参加者たちの質問に答えることではなく、参加者たちの話に全身全霊で耳を傾け、ともに息をしながらそこに存在することを身をもって体現するということでした。(6) まさにこれは、脱中心化とメタ認知を体現した生きる姿勢（メタスキル：patissati）が人から人へと伝えられていくさまを捉えていて、マインドフルネスが現代社会に根づいていくことを証しする瞬間だったのではないかと思います。

マインドフルネスの今後に向けて

ベトナム反戦運動にもかかわったことのあるカバットジンは、当初からマインドフルネスをストレス緩和だけではなくリーダーシップの育成にも応用することを企てていました。ある意味で社会変革の中核を担うものとして構想していたのです。今では、刑務所の矯正教育、企業の社員研修、学校での教育プログラムを含めて幅広く応用されるようになってきました。そして、それを裏づけるための科学的な研究も、脳の神経可塑性やテロメアの短縮防止効果など、マインドフルネスが人間の心身を実際に変えていく機序の解明として着実に進められています。

こうしたマインドフルネス・ムーブメントの潮流の最先端では、コンパッション研究として人間の思いやりを心理療法や燃え尽き防止のプログラムの中に組み込もうとする動きが進んでいます。やがてそれは、倫理的な問題にどう取り組んでいくかについても踏み込んでいくことになるでしょう。なぜならば、現代のマインドフルネスが拠り所にしようとしている科学が、遺伝子操作やＡＩ技術などを介して、これまでは神の領域とされていた分野に踏み込もうとしていることによる宿命ともいえることだからです。

カバットジンは、MBSRを創始するにあたって仏教とかスピリチュアリティという言葉を用心深く排除してきました。科学を信奉する現代社会にマインドフルネスを導入していくための賢明な方便だったと思います。そして今、マインドフルネスの潮流が社会のメインストリームに躍り出てきたとき、私たちはもう一度マインドフルネスの起源に立ち返ってマインドフルネスのこれからについてビジョンを描く必要があるのです。

ブッダがどのようにして思いやり（慈悲・四無量心）の教えを説いてきたのか、当時の国王・大臣や富豪たちとやり取りしながら出家というアジールの中にどうやってマインドフルネス実践の真髄を埋め込んでいったのか、そしてそれがやがて中東やギリシャへの布教によってユダヤ教やキリスト教などの一神教文化にどんな影響を及ぼしていったのかについて、歴史と文化を総復習しながら人類史の中でのマインドフルネスとして再構築していく構想を練ってみることになるでしょう。

第一章

『鬼滅の刃』とマインドフルネス

第一章　『鬼滅の刃』とマインドフルネス

マインドフルネスの視点から『鬼滅の刃』を読み解く

井上ウィマラ

出会い

『鬼滅の刃』は流血場面が多くて子どもには見せたくないという世間の噂は、耳にしていました。それでも私が見てみようと思うようになったのは、小学生の息子と娘たちがどうやら私に隠れて見ているようで、そのはまり具合が尋常ではないように思えたからでした。「それなら、隠れて見ていないで、お父ちゃんと一緒に見てみようじゃないか……」そう提案して、テレビシリーズを一緒に観ることにしたのが、私の『鬼滅の刃』との忘れられない出会いとなりました。

第一話の開始から一五分くらいの、家族を殺された竈門炭治郎《かまどたんじろう》と殺されかけて鬼になってしまった妹の禰豆子《ねずこ》が鬼殺隊水柱の冨岡義勇《とみおかぎゆう》と出会う場面、私は眼から涙をポロポロとこぼしながら立ち尽くしてしまいました。息子と娘は心配してくれたようで、あとから「お父ちゃん、あのときどうしちゃったの……」と聞いてくれました。

私は、「心配してくれてありがとう。お父ちゃん、嬉しかったんだ。あんな厳しいやさしさ、義勇が炭治郎を思うあの思いやり、修行時代を思い出して、嬉しくなって泣けてきちゃった……」。はまり込んでしまう場面は親子でいろいろ違いもあるようですが、深く感動することは同じです。お互いの感動したところについて話し合いながら、私は子どもたちに導かれながらテレビシリーズの全編に目を通し、妻はマンガ本をセットで注文し、家族全員で映画館に足を運びました。友人の勧めでノベライズ版も購入しました。もちろん、劇場版のDVDもすぐに手に入れました。

探求心

それぞれの感動した場面がどう描かれているか、その違いなどをチェックしながら話し合えたことは、ちょっとした共同研究になってしまったような気もしています。子どもたちは『スター・ウォーズ』もDVDで全編を何度も見ているので、宮崎アニメや『スター・ウォーズ』との比較も楽しみを深めてくれていたように思います。ディズニーアニメ『リメンバー・ミー』や『モアナと伝説の海』のメイキング編を見ていたことも役に立ちました。

私が、「あの場面、どうなっていたかなぁ……」と聞くと、子どもたちはすぐにマンガ本の該当ページを開いてくれました。原作のマンガ本と、テレビと映画と小説での描き方の微妙な違いについて、描き手チームは何を伝えたくてその描き方を選択したのか、一緒に考えられたのは私のこのうえない喜びでした。瞑想の純粋な好奇心・探求心を遊びの中で一緒に実践する感触です。私はこうしたことを通して、マインドフルネスのエッセンスが子どもたちに伝わってほしいと願っています。

映し合い・つながり合い・看取り合う

『無限列車編』の最後の場面、猗窩座《あかざ》との戦いを終えて死にゆく炎柱・煉獄杏寿郎《れんごくきょうじゅろう》が炭治郎を呼び寄せて最期の語らいをする場面があります。そのとき、向かい合う炭治郎の瞳に一瞬杏寿郎の笑顔が映ります。最期の語らいがひと段落する頃、母親の姿が炭治郎の向こうに見えてきます。猗窩座との死闘に力をくれた母親との思い出。幼い頃に母親から言われた「弱きものを守ることは、強く生まれたものの責務です」という言葉に励まされ続けてきた杏寿郎は、死の直前に現れた母親に向かって「俺は、やるべきことを全うできましたか?」と問います。母親は微笑みながら「立派にできましたよ」と答え、それを聞いて安心した杏寿郎は笑顔で臨終します。

この場面で私はジャック・ラカン(Jacques Lacan:1901-1981)の鏡像段階を思い出しました。[1] 赤ちゃんが鏡に映った自分の鏡像を自分なのだと同一化するためには、振り返る赤ちゃんに母親が「そうよ、それがあなたなのよ」と促してあげることが求められます。ドナルド・ウィニコット(Donald Winnicott:1896-1971)は、赤ちゃんが最初に自分の顔を見るのは、赤ちゃんを見つめる母親の瞳に映った自分の顔であると語っています。[2] 私は、こうした知見をマインドフルネス瞑想の実践に活かすために、「互いの瞳に映る自分の顔を探す」というエクササイズを考案しました。そうした思い入れがありますので、炭治郎の瞳に杏寿郎の顔を描いたメイキングが気になって原作を確認しましたが、そこにはそこまで描かれてはいませんでした。

炭治郎の瞳に杏寿郎の顔を映し出したのは、二人の間に心が通い合い柱のスピリットが受け継がれていく瞬間を描きたかったからではないかと思います。それと同じくらい私は、杏寿郎の思い出の中で、母親の瞳に幼い杏寿郎の顔が描かれていてほしかったように思いました。それほどまでに、この作品の中では親子の絆が修羅場を生き残るための底力を与えてくれること、臨終の場面ではそうした思い出が回想されることが克明に描き出されています。その意味で、『鬼滅の刃』は死生観が鮮やかに描かれた作品に仕上がっているように思います。

炭治郎のやさしさ

いのちをかけた戦いと敗者が死にゆく場面を描く中で、「やさしさ」や「思いやり」を深く描くことはとても難しい作業だと思います。『鬼滅の刃』が多くの人の心を惹きつけるのは、炭治郎のやさしさに象徴される「思いやり」、それも自分を窮地に追い込んだ鬼が死にゆくときにも溢れ出てくる炭治郎のやさしさに心を打たれるからだと思います。

それが一番象徴的に描かれているのは、五巻の第四二話「後ろ」から第四三話「地獄へ」にかけてです。炭治郎をあとひと息で殺すところまで追いつめた蜘蛛の鬼である下弦の伍・累《るい》は、駆けつけてきた水柱・冨岡義勇の全集中・水の呼吸拾壱ノ型「凪」の前になすすべもなく、いとも簡単に首を切られて死んでゆきます。その死に際で、息も絶えだえの炭治郎に向かって、首を切り落とされて胴体だけになった累の身体が這い寄ってきます。累の心の中では、鬼になる直前の人生における両親との葛藤の場面が思い出されていて、得られなかった絆を求めるかのように炭治郎に近づいてきます。鼻の利く炭治郎が「悲しみの匂いがする」と言って手を伸ばし、累の背中に触れると、太陽の光のような温かさが伝わって、そのぬくもりの力で累は両親と和解することができ、求めていた絆が得られて死んでゆきます。ある意味での成仏だと思います。

その場面を外側から見ていた義勇は、「人を喰った鬼に情けをかけるな」と言って累の服を踏みつけます。すると炭治郎は、キッと目を見張って義勇を見つめながら「殺された人たちの無念を晴らすため　これ以上被害者を出さないため…　勿論俺は容赦なく鬼の頸に刃を振るいます　だけど鬼であることに苦しみ　自らの行いを悔いている者を踏みつけにはしない　鬼は人間だったんだから　俺と同じ人間だったんだから　足をどけてください　醜い化け物なんかじゃない　鬼は虚しい生き物だ　悲しい生き物だ」と言い放ちます。その勢いに、義勇も気圧されて「お前は……」と炭治郎のやさしさを受け入れます。

無意識の領域

その炭治郎のやさしさの根源については、七巻の第五七話「刀を持て」と第五八話「おはよう」にかけて描かれています。夢を操る下弦の壱・魘夢《えんむ》との戦いの中で、魘夢に操られた青年が炭治郎の無意識の領域に入る場面があります。無意識の中にある精神の核を壊してしまうと廃人になるので、そのあとで殺そうという作戦です。ところが、炭治郎の無意識の世界に入った青年は、そのあまりの美しさに圧倒されてしまいます。

劇場版『無限列車編』では、ここが一つの描きどころになっていたと思います。水の青と空の青とが映し合う、限りなく広がっていく暖かくやさしく美しい世界。そこには炭治郎の精神の化身である光る小人がいて、青年の手を引いて、太陽のように光る炭治郎の精神の核に案内します。「探していた」からと言って、自分を傷つけようとしていた人をその核に案内してしまうまでのやさしさ……。青年は壊す気持ちを失って跪いてしまいます。原作では、青年がその光の小人のひとりをつかんで自分のものにする場面が描かれています。劇場版では、その絵はカットされて、青年が「君の中にいた光る小人が、僕の心を照らしてくれた」と炭治郎に向かって直接語りかける情景に差し替えられています。わざわざつかんで自分のものにしようとしなくても、触れただけで癒され伝わるものがあることを、充分に伝える力のある映像を作り上げることができた実感からだと思われます。炭治郎のもつ力の根源、許して癒す力をもつやさしさをこのうえなく美しく表現した色彩と映像でした。

二元論をどう超えるか

『鬼滅の刃』がこれまでの神話物語と違う点は、英雄だけの物語ではなく、悪役の鬼にもそれなりの過去があることが詳しく描かれているところにあります。鬼殺隊との決死の戦いを通して、特に死に際で炭治郎のやさしさに触れたときに、その悲しい物語がうまく回想されて、和解の道が開けていくのです。『スター・ウォーズ』では光の戦士が闇に取り込まれて帰還することを通して、そして闇をルーツにもつ新しいジェダイが誕生する物語を通して二元論の超克が図られていました。これに対して『鬼滅の刃』では、悪役の背後にあるトラウマ的な物語を、死に際に寄り添い向かい合うやさしさに包まれて、癒しの光が垣間見えるように描くことによって善悪二元論の超越を図っているように思えました。

鬼の悲しさ　猗窩座の物語から

その中でも特に猗窩座の物語は、一七巻の第一四八話「ぶつかる」から一八巻の第一五七話「舞い戻る魂」にかけて、その不条理さと一途さと悲しさが詳しく描かれていて、鬼の中でも一番人気のある愛されるキャラクターになっているのではないかと思われます。病弱な父親のために薬を持って帰ろうと悪事を重ねて懲らしめを受け、拾って育ててくれた道場の師範とその娘・恋雪《こゆき》との将来が見え始めたときに師範と恋雪が毒殺され、守ってあげられない不甲斐なさに荒くれて鬼になり、ひたすらに強さだけを追い求める猗窩座。しかし、彼が女性を襲わなかった背景には、守りたかった恋雪への愛情が無意識裏に働いていたようです。

炭治郎と義勇との決戦の終盤、「透き通る世界」に入って闘気を殺して攻撃してくる炭治郎の強さが、自分の探し求めていた「無我」の状態であったことを讃えながらも、猗窩座は攻撃と再生を続けようとします。そのとき、守り合う義勇と炭治郎のとっさの動きに触発されて、猗窩座は自分自身が守るために強くなり続けようとした過去を思い出します。思い出の中で父親や師範や恋雪に許されて諭されて戻ろうとする心と、鬼として強くなり続けようとする心との間で揺れ動きますが、最後は恋雪の「私たちのことを思い出してくれて良かった　元の狛治《はくじ》さんに戻ってくれて良かった…　おかえりなさい　あなた…」という言葉に抱きしめられて、再生をやめて鬼としての死を受けとめます。

「思い出すこと、繰り返すこと、やり遂げること」

私は「思い出してくれて良かった」という言葉に胸を打たれました。マインドフルネスの原語であるパーリ語のsatiが、「思い出すこと」に語源をもつからです。私たちの言語的意識は、いつも何かを思い出す形で発生しているのではないかと思います。たとえば、「青い彼岸花だ」という意識が発生したとき、「青い」と「彼岸花」という言葉について過去に何らかの体験をして覚えていたからこそ、「青い彼岸花だ」という意識が生まれます。そうした視点で見ると、マインドフルネスは、「今、何をどう思い出しているのか」について克明に自覚していくトレーニングと表現できるかもしれません。

『鬼滅の刃』では、炭治郎が家族を殺された場面をフラッシュバックのように思い出すことを含めて、トラウマ的記憶の再生がさまざまな形で描かれています。そうした記憶の再生が、炭治郎のもつやさしさで包まれたとき、その場面に必要な癒しが起こります。もしかしたら、多くの人が『鬼滅の刃』に心惹かれるのは、平安時代から現在に至る長い歴史の中の数え切れないトラウマを癒すためのヒントがこの物語に埋め込まれているからなのかもしれません。

そうした癒しを私たちが日常生活で自然に体験することができるようになるために、ジグムント・フロイト（Sigmund Freud：1856-1939）の「想起、反復、徹底操作」という論文を紹介したいと思います。[3] これは、フロイトが催眠術を離れて精神分析を確立していく道のりについて述べているものです。大切な記憶を思い出し（想起）、そこに押し込められていた感情を何度も発散しながら（反復）、気づいたことを日常に根づかせていく（徹底操作）プロセスです。ここで気をつけなければならないのは、私たちが言葉で思い出せないことを無意識的な行動の中で繰り返してしまう傾向です。フロイトはこれを「反復強迫」と呼びました。仏教の無明に通じるものです。マインドフルネスはその瞬間に気づいて、やさしく見守るのを助けてくれます。

「全集中の呼吸」と「透き通る世界」は戦いのためにも使えますが、私たちが苦しすぎて言葉では思い出せない記憶が、無意識的な行動になって噴き出してくる修羅場に立ち会うために一番役に立つものなのではないかと思います。二二巻の第一九三話「困難の扉が開き始める」の扉の裏に、「できること、使いこなすこと、極めること」の違いが説明されています。この話の中で炭治郎は鬼舞辻無惨《きぶつじむざん》との死闘で縁壱から伝わってきた技を使いこなせるようになっていきます。

縁壱の天才と黒死牟の妬み

『鬼滅の刃』全編を通じて展開される鬼殺隊の剣術に呼吸法を加えて型を生み出した不出生の天才

剣士・継国縁壱《つぎくによりいち》は、双子の兄弟の弟として生まれ、兄の巌勝《みちかつ》は弟の才能を妬むあまり黒死牟《こくしぼう》という上弦の壱の鬼になってしまいます。『鬼滅の刃』では、兄弟や師弟などの関係にありながら鬼殺隊への道と鬼への道に分かれてしまうケースがいくつかあり、その典型ともいえるでしょう。

兄であった巌勝は、双子の忌み子として父親から殺されかかった弟の縁壱を守ろうとして、手作りの笛を縁壱に渡します。しかし、縁壱の才能を知った巌勝は次第に羨望の感情に飲み込まれていき、鬼殺隊の同志としてともに研鑽を重ねながらも遠く及ばないことを痛いほどに思い知らされて、鬼になる誘いに乗ってしまいます。黒死牟となって数十年後、老いさらばえた縁壱と再会して首を切られる寸前まで追いつめられますが、縁壱は立ったまま命終します。坐脱立亡という、禅を体得した神秘的な死に方の一つです。黒死牟が立ち尽くした縁壱の死骸を切り刻むと、かつて自分が渡した笛が出てきます。縁壱はその笛を兄のように思って大切に持っていたのです。黒死牟はその笛を捨てられず、死闘に敗れて消滅したあとにその笛が残ります。

黒死牟の妬みは、縁壱のようになりたいという願いでもありました。そのことに気づいたのは、自分を突き刺した風柱・不死川実弥《しなずがわさねみ》の刀に自分の姿が映ったのを見た瞬間でした。本当の自分に気がついて、鬼としての再生を諦め、死を受けとめることができたのでしょう。黒死牟の妬みは、メラニー・クライン（Melanie Klein：1882-1960）の「羨望と感謝」を彷彿とさせるもので、人間を鬼に誘う大きな要因なのです。(4)

自分にできなかったことを人にしてあげることで救われる道

縁壱は決して幸せな生涯を送ったわけではありませんでした。妻のうたが臨月になったとき、産婆を呼びに行っている間にうたとお腹の赤ちゃんを鬼に殺されてしまいます。大切な人を守れなかったという後悔を一生背負って生きていきました。その悲しみを聞いてほしいと思った人が、炭治郎の祖先の竈門《かまど》炭吉《すみよし》でした。縁壱とうたが暮らしていたあばら家に、炭吉と妻のすやこがやってきて住むようになり、すやこが臨月になったときに鬼に襲われて逃げ惑っていたところを縁壱が救ったことが出会いの始まりだったようです。縁壱は、愛する妻と子にしてあげられなかったことを炭吉夫婦にしてあげることができたことで、救われたようです。大切なものを守れなかった悲しみに導かれて鬼殺隊の道を歩むのは、炭治郎も義勇も含めて、多くの隊員たちに共通した道のりだったようです。

自分が救って生まれてきたすみれが二歳になった頃、縁壱はすみれを抱っこして涙を流します。求めて得られなかった人としての平凡な幸せの一端に触れることができたからでしょう。そして、母の朱乃《あけの》がお守りにくれた耳飾りを炭吉に預けて姿を消します。すやこにせがまれて見せた「日の呼吸」の型は、ヒノカミ神楽として炭吉から炭治郎の父・炭十郎《たんじゅうろう》にしっかりと伝えられ、そして炭治郎に受け継がれていきます。

縁壱から炭治郎に託されたこと

縁壱は鬼の祖である鬼舞辻無惨をあと一歩のところまで追いつめ、鬼にされていた珠世《たまよ》に無惨を倒す手助けを頼みます。また、鬼になってしまった兄の黒死牟をあと一太刀のところまで追いつめますが、ひと息足りずに坐脱して死んでしまいます。これほどの才能に恵まれながら縁壱一人では成し遂げられなかったことを、炭治郎たちは力を合わせてチームで成し遂げていきます。

『鬼滅の刃』に描かれたこのストーリーは、人類に現れた一人の天才が切り開いた道が、チームとして力を合わせいのちをかけて種として成し遂げられていくまでの道のりを描いているといってもよいでしょう。それは、進化の過程で個人に現れた突然変異が種として共有され定着していくプロセスです。宗教の世界でいえば、ブッダの見出した解脱への道のりが、彼の教えを信じる多くの人たちの気づきの実践として定着していったこともその一つです。

全集中の呼吸と透き通る世界

ブッダの説いた念処（sati-paṭṭhāna）と呼ばれるマインドフルネスの道は、止観（samatha-vipassanā）という集中力と洞察力の組み合わせによって構成されています。現代の脳科学的な研究ではFocused AttentionとOpen Monitoringと呼ばれますが、『鬼滅の刃』では「全集中の呼吸」と「透き通る世界」に対応しています。

炭治郎が最初に全集中の呼吸を学ぶのは、育手《そだて》の鱗滝左近次《うろこだきさこんじ》からで、原作では日記の中で「今日は呼吸法と型のようなものを習う」と簡単に描かれているだけですが、アニメ版では「身体の隅々の細胞まで酸素が行き渡るよう長い呼吸を意識しろ。身体の自然治癒力を高め精神の安定化と活性化をもたらす。上半身はゆったりと、下半身はどっしり構える」とやや詳しく説明がされています。

「透き通る世界」については、炭治郎は猗窩座との死闘の中で、父・炭十郎が熊を相手に体捌きから学べるように見取り稽古をしてくれた記憶を思い出して体得していきます。身体の内部が透き通って見えて、時間がゆっくり進むように感じる「透き通る世界」に到達した炭治郎は、殺気も闘気も発せずに、猗窩座の頸を切り落とします。おそらくこれはゾーンと呼ばれる体験にも通じるものでしょう。このとき猗窩座は、炭治郎の瞳の中には憎しみも怒りもなく、殺気も闘気もないことを見て、それが自分の求めていた「至高の領域」である「無我の境地」であることを悟ります。

この「透き通る世界」は、能の世阿弥が『花鏡』で「離見の見」と呼んだ境地にも通じるものかと思われます[5]。演じているシテが、観客や自分の身体の前横の部分に加えて、普通では見えるはずのない自分の背中をも見ることのできる境地です。おそらく日本文化で「道」と名のつくものにおいては、こうした俯瞰性を伴った名人の境地がそれぞれに語られ、体得され、伝承されてきたのではないかと思われます。そしてその基盤に、仏教の無我や空《くう》の悟りがあったに違いありません。図1は、こうした集中力と洞察力の極致が関係性の中でどのように働いているのかを図示したものです。

鬼が象徴するもの

最後に『鬼滅の刃』に登場する鬼たち、その始祖である鬼舞辻無惨の象徴するものについて考えてみましょう。それは死を恐れ、クローニング、再生医療、生殖補助医療、そしてAI関連の科学技術などによって永遠のいのちを求める人間性の象徴なのではないかと思います。

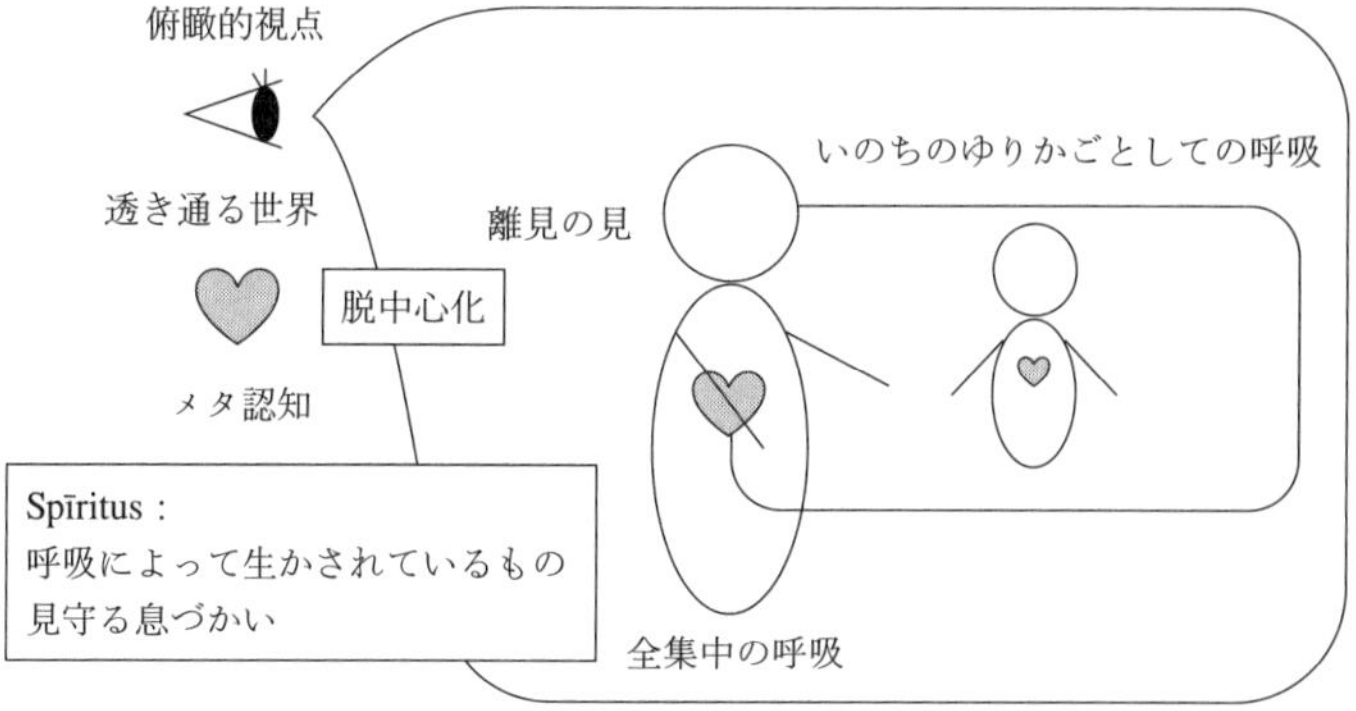

図1　スピリチュアルな器としてのマインドフルネス

無惨は平安時代に、死産の状態で生まれ、火葬されるギリギリの瞬間に息をして助かりました。病弱で二〇歳までは生きられないだろうといわれ、善良な医者が懸命に治療してくれましたが、思っていたような効果が得られず、業を煮やした無惨はその医者を殺してしまいます。ところが、殺したすぐあとに、「青い彼岸花」という薬の効果が出て、強靭な身体を手に入れました。しかしその薬は未完成で、太陽の光に耐えられず、人肉を食らわねば生き延びられない鬼の姿になりました。こうして鬼を増やしながら、太陽の光を克服すべく青い彼岸花を探す物語が始まったのでした。

ポストコロナとマインドフルネス

仏教神話の中では、神々の間に争いが起こり、戦いに敗れた者たちが天から堕ちて阿修羅が生まれたといわれています。阿修羅は優れた能力をもちながら、争いの中にのみ自己を見出すことのできる存在です。『鬼滅の刃』の鬼たちは、神の領域に足を踏み入れつつある人間がもつ「不死と完璧な命」という理想（あるいは恐れの裏返し）への執着から生まれ出てきた生き物たちです。そういう意味で、六道輪廻も常に進化しつつあるのだと思います。そして、私たち人間はみずからの中に鬼の始原を宿していることを決して忘れてはならないのだと思います。

私は『鬼滅の刃』をテレビで見たり、本で読んだり、家族と一緒に映画館で観たりしながら、魂の奥底から湧き上がってくるような涙をたくさん流しました。子どもたちも、妻も、同じようです。言葉にできないくらい深いところにある、とても大切なものに触れて、何かが癒されて、「自分も死を受けとめながら生き抜いていこう」と思えるようになる何かです。映画館を出るとき、みんなも、きっとそうなんだろうなぁ……と感じます。

私たちが今このタイミングで『鬼滅の刃』に出会うことは、それぞれの仕方で炭治郎のやさしさに癒され、無惨や黒死牟たちの象徴する課題から学びのテーマを引き受けて、ポストコロナの時代を生き抜いていくことにつながっていくのだと信じています。そしてそこには、『無限列車編』の杏寿郎が臨終の場面で生きて見せてくれたような、人間としての誇りをもって死を受けとめていくような強さと明るさが生まれてくるように祈ります。

そのために私たちはまず、鬼を生み出してしまうような、社会的に認められない悲しさや痛みや恨みや妬みなどの苦しみの声に耳を傾けることを学ばなければなりません。マインドフルネスは、きっとそうした修羅場でも「全集中の呼吸」や「透き通る世界」のような貴重なツールとして、私たちを導いて支えてくれるのではないかと信じています。

第一章　『鬼滅の刃』とマインドフルネス

予測モデルと輪廻、免疫と鬼

杉浦義典

『サブカルチャーの心理学』という書物に一章を書いたくらいにアニメ、マンガ等に思い入れの強い私にとっては、あまりに大きなブームとなったコンテンツというものは、少し距離をおきたいものでもありました。実は『鬼滅の刃』のマンガを読んだのは、本書のきっかけとなった対談で、井上ウィマラ氏に「ぜひに」と勧められてからでした。

ブームとかメジャーなコンテンツといったものには、いつも相反する思いを抱いています。本書のタイトルにもあるように、マインドフルネスの実践、研究をしている身にとって、マインドフルネスが広く知られるという状況には嬉しい思いと、少し困惑するような思いがあります。マインドフルネスが競争的な企業で生産性の向上を目指して実践されているというと、少し不安も覚えます。一方、『鬼滅の刃』にはマインドフルネスという言葉は登場しないのですが、マインドフルネスの実践、研究をしてきた自分たちの今の想いとぴったり呼応するものを感じました。

受け継がれる呼吸の型

生身の人間が鬼と戦うために必要となる強さの基本が呼吸です。苦行やその他の方法ではなく、呼吸を観察することで苦しみから抜け出すことができる、というブッダの経験と洞察が思い出されます。『鬼滅の刃』でも少年マンガのご多分にもれず、バトルのシーンではときに一秒にも満たない刃の一閃にも多くのコマ数が割かれています。しかし、これは単なる描写のテクニックではなく、呼吸によって飛躍的に向上した観察力（透き通る世界）を表現しているともいえるでしょう。ここでの呼吸は「型」と呼ばれて、「始まりの呼吸」から長い歴史の中で引き継がれています。鬼殺隊のリーダー格であり柱と呼ばれる剣士たちは、それぞれの強みや弱点に応じて分化した呼吸の型の使い手です。

この呼吸の型というものは、予測的符号化という人間や他の動物、ロボットにも共通の行動の原理を思い出させます。人は目や耳から入ってくる情報を受動的に入ってきた順番で処理しているというよりも、予測をもって世界（これは身体の内も外も含みます）に向き合い、得られた感覚情報と予測されたモデルとのずれを最小化するという原理で動いています。これが近年広まっている予測的符号化という原理です。入ってくる情報を受動的に記録するビデオカメラやボイスレコーダーとは異なり、人は能動的に世界にかかわっているのです。予測をもって世界を見ることを、フロイトであれば投影と呼んだでしょう。しかし、予測モデルは自分の心の中の不都合で認めたくないものを無理に外に出しているのではなく、あらゆる行動を可能にしている仕組みのことです。哲学者フリードリヒ・ニーチェ（Friedrich Nietzsche：1844-1900）の『権力への意志』の翻訳の中では、投影というおとなしい響きではなく、人が世界に投げ込むという「力」尽くの表現をしています。

型というとどこか静的な印象がありますが、これこそ人が世界に投げ込み、踏み出すものなのです。もちろん、型に表現された予測は感覚情報をもとに、刻一刻と修正されます。予測モデルが修正されるためには、感覚情報の精度が高いことが必要です。あてにならない感覚情報によって修正してしまうと、無秩序に動いているのと同じになってしまいます。鬼殺隊の隊員たちは、それぞれ嗅覚、聴覚などの感覚が優れています。さらに、これはまさにマインドフルネスと共通する部分として、呼吸によって観察力が研ぎ澄まされることが、感覚情報の信頼性を向上させています。

世界に対する予測といったときに、身体の内も外も世界に含まれると述べました。生物にとっては、外界の情報のみでなく、身体内部の状態も非常に重要です。むしろ、外界の情報以上に重要といってよいかもしれません。体内では常に電解質、酸素などの物質の循環がうまく制御され、その結果として体温などが非常に精巧なバランスでコントロールされています。この様子は日頃はほぼ意識に浮かぶことはありませんが、きちんと予測をし、感覚情報と照合されることが大事です。リサ・フェルドマン・バレット（Lisa Feldman Barrett：1963- ）という心理学者は、そのような過程からコアアフェクトと呼ばれる漠然とした気分のようなものが生じると考えました(1)。

臨床の場では、不安に伴う過呼吸や心拍の上昇などに悩む人によく出会います。これらの問題はある種の予測の過程の乱れを表しているのでしょう。『鬼滅の刃』の主人公である竈門炭治郎が父から引き継いだヒノカミ神楽は、炭治郎が鬼と戦うときに大きな力を発揮するわけですが、身体の弱い炭治郎の父が、寒い冬に疲れることなくいつまでも舞い続けられるものであったことが語られます。身体内部の情報までうまく読み込んだモデルとして、引き継がれてきたのでしょう。

「始まりの呼吸」は、それぞれの剣士の身体や感覚に合う形で分化しています。その引き継がれ方も、非常に興味深いものです。仏教の因縁生起の考え方では、私たちの経験するあらゆる事象が、その前にある何らかの事象に条件づけられていると理解します。輪廻という考え方もその延長上にあり、自己、意識、魂のような実体が引き継がれるのでなく、行為が行為に影響するという連鎖が個人を超えて続いていると見ることができるでしょう。呼吸の型はときに血縁を通じて、ときには血縁を超えて引き継がれています。それは、愛するものを鬼に奪われた悲しみや怒りとともに「転生」しているのです。その転生がもはや必要なくなるときは、人が鬼を恐れる必要がなくなるときなのです。

呼吸の型や鬼殺隊が、平安時代から大正時代に至るまで、朝廷や幕府、政府といった公式の権力とは離れたところで引き継がれてきたことも触れておくべきでしょう。権力の問題については、いのちの全体性の章で再び戻りたいと思います。

終わりあるものへのまなざし

鬼や妖というのは、多くの物語では人間よりもはるかに昔から存在していたものという設定が多いでしょう。一方『鬼滅の刃』では、鬼の始祖である鬼舞辻無惨は医師の投与した薬のために鬼と化します。鬼の起源が医療の有害事象として生じたという設定は、古今東西の物語の中でも独特のものです。執着がすべての苦しみの源である、という仏教の考えをも思い出させます。鬼舞辻無惨は生命力の塊のように描写されます。永遠のいのちを得て、しかしなお太陽の光という最後の弱点を克服しようとする、執着に満ちた姿が描かれています。鬼舞辻無惨にとっては、他者というものは存在しません。彼の血を与えられて鬼になった者たちは、すべての考えを無惨に監視されており、反逆を考えると瞬時にいのちを奪われます。自分とは異なる見方というものは許容されないのです。鬼舞辻無惨の行使する監視という形での権力は、フランスの哲学者ミシェル・フーコー（Michel Foucault：1926-1984）の論じた監獄という装置をプロトタイプとする権力を思わせます。(2) 物語の舞台は大正時代ながら、現代の社会を映すものといえるかもしれません。

鬼殺隊の剣士たち、特に鍛錬を積み、鍛え上げられた柱の肉体は、高位の鬼である上弦の鬼たちにとっても魅力的なものです。上弦の鬼である猗窩座も黒死牟も強さを無限に高めることを求めていました。それがゆえに、鍛えられた柱の強さを永遠のものにしたいという気持ちがあります。しかし、鬼になることを誘われた煉獄杏寿郎は、終わりがあるゆえの人の輝きを迷わず選びます。上弦の鬼となった黒死牟は自分の追い求めた剣の道の美しさとは似ても似つかない醜い化物となった自分に気づき、みずからの最後を選びます。永遠ではなく有限であるがゆえの美しさ、これに気づくことは、鬼にも開かれているのです。

輪廻からの解脱

原始仏典では悟りの状態を表現するために、「もはや迷いの生に戻ることはない」という表現がされます。生老病死といわれるように、苦しみつつ生に戻ることが続く輪廻と、そこからの解脱という考え方の前提には、古代のインドの円環的な時間の観念があります。

古代のギリシアも、やはり円環的な時間の概念をもっていました。繰り返し円環をなしているという見方であるからこそ、その円環から抜け出すことが理想とされたのです。それは終末のときや救済といった未来志向のキリスト教の考え方を母体として、特に近代以降に優勢になった、時代とともに進歩するという直線的、上昇的な時間の観念とはまったく異なります。とはいえ現代では、歴史は進歩するという考え方も維持することが難しくなっています。経済成長が暮らしの向上と関連するわけでもなく、かえって貧困や環境破壊を生むことを誰もが実感するようになりました。将来がよりよいわけではないという時代をどう生きるのか。

円環的な時間観念のもとであっても、そこから自由になるための実践が可能になるのは生きていればこそです。『鬼滅の刃』はいのちというものに、このうえなく直接に向き合っているからこそ、コロナ禍の時代に大きな人気を博したといえるでしょう。鬼の犠牲になる人がいなくなるようにという想いや呼吸の型が長い間受け継がれています。もちろん、戦いの中で最期を迎えた柱たちを始めとする剣士たちも、呼吸の型が仲間に引き継がれていることを感じているでしょう。鬼のいない未来という希望は、成長や拡大を目指した未来とは異なったメッセージを伝えているように思われます。それはまさしく誰しもの中にある鬼舞辻無惨が「もはや迷いの生に戻ることはない」ことなのでしょう。

免疫と鬼

コロナ禍で、免疫という身体の仕組みに多くの人の関心が集まっています。免疫という用語は、疫病から免れると書くわけですが、その働きは基本的には守るというよりも攻撃・破壊です。感染症では、四〇度を超える発熱が多くみられます。肺や心臓といった臓器の機能が低下する症状もみられます。コロナ回復後に、認知機能の低下がみられるといった報告も出てきました。免疫が異物を攻撃・破壊する働きは、すなわち炎症という反応です。痛みなどの症状も伴うものです。異物を破壊するときには、健康な宿主の細胞も流れ弾に当たることがあります。あたかも軍事的な行動によって一般市民にも犠牲が出てしまうようなものです。それがゆえに、さまざまな臓器も損傷を受けるのです。免疫にコロナウイルスを学習してもらうワクチンの効果も、免疫機能による実弾を用いた訓練といってもよいでしょう。それも場所は広大な砂漠の中ではなく、多くの人が住む（他の細胞に囲まれた）市街地です。免疫というのはそれだけの危険性と隣り合わせなのです。

『鬼滅の刃』では、鬼と戦い、人のいのちを守る鬼殺隊や隠《かくし》のほうが、免疫というイメージには近いかもしれません。しかし、ときとして宿主である人にダメージを及ぼすほどの免疫の働きは、まさに鬼のほうに近いかもしれません。蛇柱の伊黒小芭内《いぐろおばない》の一族は、蛇鬼と共謀することでぜいたくな生活を得ていました。人間と免疫という暴力の共存関係です。

具体的には、ワクチンによって免疫を形成しようとする過程では、自身の身体にも危険があるということの認識は強調されるべきでしょう。巷では、「ワクチンにマイクロチップが埋め込まれている」といった陰謀論への注意喚起がなされるばかりで、体質的にも多様な人々がいる中で、ワクチン接種への懸念は一蹴されているように思います。

眠りながら戦う善逸

炭治郎の同期の一人、我妻善逸《あがつまぜんいつ》はとても怖がりですが、気を失って眠りに入ると無類の強さを示します。哲学者の西平直（1957-）は、『稽古の思想』の中で、「わざを習う」ことと、「わざから離れる」という二つの方向性を重視しています。たとえば、稽古について語るときにしばしばいわれる「守破離」という言葉は、型を身につけて守る段階、それから解放される段階、さらに型を使うも使わないも自在の段階を意味します。このようにみるとわざを意識しないというのが、非常に高度な状態であることがわかります。

マインドフルネス瞑想の実践によって、「することモード（doing mode）」から「あることモード（being mode）」への移行がなされるとされます。「することモード」は目の前の現実が目標と異なることを意識し、前者を後者に近づけようとすることです。心の苦しみの文脈では、嫌な感情がない状態にしようとしたり、心地よい気分を維持しようとしたりします。そのような「することモード」に気づき、手放すことで、今いることに気づいているという「あることとモード」に移行します。「あることとモード」に入ると、図らずも安定した穏やかな気持ちになるものです。怖がりで女の子が大好き、という執着だらけの（それがゆえに愛すべき）善逸は、眠ってしまうという極端な形で、「することモード」を離れ、「守破離」の離を実現しているのかもしれません。

もう一つ、眠りながら戦う善逸について考えられるのは夢との関連です。人は世界に関する予測モデルを生成し、それと感覚情報とのずれ（誤差）を最小化するという原理で、目まぐるしく動く環境に適応しています。ずれが最小化されるためには、感覚情報の信頼性が高いことに加えて、環境との誤差の少ない予測モデルを生成し、利用できることが必要です。人は起きている時間の約半分は、空想などにふけっている状態（白昼夢と呼びます）にあるということがわかっています。[3] 夜の睡眠中と合わせれば、非常に多くの時間を人は夢の中で過ごしているといえます。それだけモデルの準備や、想像の中でのシミュレーション実験が重要だということなのかもしれません。予測モデルのレパートリーが多いほど、柔軟な対応の可能性も広がります。もちろん、全集中の呼吸によって予測モデルに逆に囚われることは防止されます。

白昼夢の状態にあるときは、ファンタジーに集中しているともいえますが、外界への気づきは疎かになりがちです。そのため、幸福感が下がることも見出されています。[3] しかし、白昼夢が本来重要な役割を果たしているとすれば、それはどんなときでも悪影響をもつのみではないと考えられます。そこで、私たちはマインドフルネスの傾向と、白昼夢の頻度および幸福感を同時に測定しました。[4] 白昼夢の好ましい機能がみられる条件を探すためです。すると、マインドフルネスの傾向の高い人では、白昼夢の頻度が高いほど、幸福感が増大していました。マインドフルネスの傾向が高い人は、白昼夢に浸りつつも、それ以外のことへの注意も失われはしないのでしょう。さらに、白昼夢の中にあるおもしろいアイデアなどにも気づいていくことができるでしょう。善逸は怖がりながらも鬼殺隊の一員であり、全集中の呼吸を身につけています。それがゆえに、夢の中にいることを最大限に活かすことができるのかもしれません。

興味深いことに、上述の私たちの研究では、白昼夢を幸福感につなげる要因がもう一つ明らかになりました。それは、アニメやゲームの消費の多さでした。つまり、空想に浸り、それを楽しむことに長けている人では、やはり白昼夢が幸福感を増大させていたのです。私にとっては『鬼滅の刃』というマンガ、アニメ、映画作品を分析しようという試みも、その研究知見に支えられたものです。空想の世界で予測モデルを生成することは、時々刻々と変わる環境に対応できるかもしれないという可能性を生み出します。世界は未知なるものに溢れているがゆえに、予測モデルが役に立つのかどうかも正確にはわかりません。夢の中でこそ、多様な可能性に備えられるといえるでしょう。

第二章

認知・記憶と注意・集中

第二章　認知・記憶と注意・集中

実践に近づきつつある実験的研究

杉浦義典

マインドフルネスに限らず、瞑想では、体験に対する注意の向け方を練習します。マインドフルネスを漢字で書くと「念」となるように、記憶の働きとも密接に関連しています。記憶も注意も、心理学の中でとりわけ多くの実験的研究がなされてきた分野です。ここでは、このような認知機能の観点から、マインドフルネスへのアプローチをひも解きます。

自動的な認知と統制的な認知

研究に利用可能なテクノロジーは確実に進歩しています。たとえば、一九八〇年代初頭の心理学の論文を読んでいるとき、用いられている統計解析の手法を見て、「なぜその方法を？　もっとよい分析があるのでは？」と思うこともありますが、おそらく当時のコンピュータ（あるいは電卓）の性能で可能な、という条件で選んだのだろうと察せられます。

その一方で、テクノロジーとは関係なく、その目で、その耳で……の観察による新たな発見というものはたしかにあるのです。ただし、そういった観察の力も向上させられるものです。同じように目や耳という身体をもちながらも、それまで気づかれていなかったことが発見されることは、現代まで続いています。認知療法の創始者のアーロン・ベック（Aaron Beck：1921-2021）による「自動思考」の発見はまさにその例です。フロイト以後、二〇世紀に入ってから、対話による心理療法が長く行われていました。その歴史の中で、抑うつや不安などの苦痛な感情が生じる直前に、まるで「電信」のような短い思考が頭の中を通り過ぎること、さらにそれが感情を生んでいることをベックが「発見」したのは一九六〇年代です。これは、自動思考と呼ばれ認知療法の中心的なテーマとなりました。その当時までは、自我にとって不都合な内容を抑圧したものが無意識であると考えられていました。自動思考はその枠組みにはまらないため、ベック以前には見つけだすことができなかった現象だったのです。強調したいのは、その発見が新しいテクノロジーによるのではなく、対話という一九世紀末と同じ方法に拠っていたということです。

患者さん自身に、このように見つけにくい自動思考に気づいてもらうためには、セルフモニタリングという観察の方法を身につけてもらう必要がありました。観察が重要な技法であったからこそ、のちにマインドフルネスが認知療法にも導入されたのです。マインドフルな気づきを自分の苦しい感情に向けるならば、感情がのしかかる直前に生じた思考やきっかけが見えてきます。同時に、思考やきっかけは巨大な岩のように動かないのではなく、変転していくことも見えてきます。仏教では、このような認知のプロセスを、縁起という観点からアビダンマという理論としてまとめられています。

一九八〇年代には、認知心理学の実験手法を用いて、自動的な認知のメカニズムが調べられるようになりました。自動的ということは非常に高速で生じ、本人が気づきにくく、認知資源（努力）を必要としないといった特徴があります。複数の指標で自動的な過程を測定する工夫がなされました。たとえば、性能のよいモニター画面にごく短時間のみ、ネガティブな意味合いの単語を表示します。あとで何が見えたか尋ねてもわからない程度に短時間です。それにもかかわらず、その後の課題遂行に影響が出ることがあります。それらの研究の結果、不安や抑うつの高い人は、自動的な処理のレベルでネガティブな情報を非常に鋭敏に捉えていることがわかりました。自動思考として体験されるのと同じように、たしかに知らずしらずのうちに、認知がネガティブになりやすいのです。そのような自分の傾向に気づいていないがゆえに、ネガティブな認知の影響を強く受けてしまうともいえるでしょう。後述するように、自動的な認知に気づくという統制的な意識の働きの側面は、メタ認知の研究に結実しました。

領域固有性と領域横断性

認知療法の中心的な概念ともいえる自動思考は、ネガティブな内容の認知です。認知心理学でも、認知の内容は頭の中の情報処理に影響する重要な性質だと考えられています。たとえば、自分の知識が豊富な領域では非常に巧みな判断が可能な一方で、詳しくない領域では戸惑ってしまう人も多いと思います。これを認知心理学では領域固有性といいます。つまり、認知心理学の研究と、臨床心理学の研究の流れの合流は、はじめにネガティブな内容の認知という領域固有性に注目することから始まったのです。

しかし、いろいろな場面で（つまり領域に関係なく）不注意なせいで困ったという経験をもつ人もいるでしょう。抑うつや不安に悩む認知は本当に領域固有な問題なのでしょうか。

一九九〇年代前半までは、領域固有性を支持する研究が優勢でした。たとえば、強迫症の人はカギを閉めたかどうか気になって何度も確認を繰り返してしまいます。同時に、自分でもそんなことはないはず、と感じています。ここから、何らかの記憶に関する問題があるのではないか、という仮説を立てることができます。ところが、強迫症の人の記憶力自体を測定したところ、問題はないということがわかっています。つまり、内容を問わず、記憶力に問題があるというよりも、領域固有的な認知（例：玄関のカギをかけたという自分の記憶への信頼度）が症状に影響していると考えられます。

一方で、一九九〇年代後半から、領域に限定されない認知のメカニズム、特に高次の統制的なメカニズムも不安やうつなどの問題にかかわっていることが指摘されるようになりました。注意のコントロールを向上させるトレーニングが、不安や抑うつの低減に有用なこともわかってきました[1]。これは、日常生活の中にある通常の生活音に注意を向けてもらうトレーニングで、ネガティブな、つまり情動的な内容の刺激は用いません。また、自分の行動を柔軟に切り替える能力である実行機能が高い人ほど、嫌なことについて考え続ける傾向が低いことがわかってきました。さらに、高齢者を対象とした認知行動療法が奏効した場合、実行機能が向上することも見出されました[2]。これらの知見の重要なポイントは、実行機能は感情を喚起するような素材を使わない課題で測定されたということです。つまり、不安やうつに関連する認知の「障害」は、症状と関連する内容のみでみられると考えられていたのが、感情的に中性的な課題を用いても示されることがわかってきたのです。領域固有の問題のみでなく、領域横断的な部分でも問題がみられるというように、精神病理にかかわる認知の捉え方が変わってきたのです。

後述するように、一九九〇年代後半から二〇〇〇年代初頭にかけての時期は、ワーキングメモリや実行機能などの汎用的な認知のメカニズムについて理解が深まり、それらがトレーニングによって向上させられることもわかってきた時期です。マインドフルネスが認知療法、認知心理学、脳科学などと結びつくための機が熟したといってもよいでしょう。マインドフルネス瞑想の応用例の中でも、マインドフルネス認知療法は、うつ病の再発予防を目指したものですので、ネガティブな認知がどのように感情や身体の反応に影響するかという観察も含みます。とはいえ呼吸への気づきや、ボディスキャン、さらにはその時々の体験全体への気づきが時間の多くを占めています。ネガティブな認知のみに焦点を当てるものではないのです。

ワーキングメモリ・実行機能の向上

ネガティブな自動思考に気づき、それを対象化するという働きは、メタ認知と呼ばれます。メタ認知が働くためには、心の作業台ともいえるワーキングメモリの働きが重要になります。ワーキングメモリは短期記憶という概念が発展したものです。人の記憶の大半は、常に意識の表に出ているわけではなく、その時々に必要なことを意識しておきながら、その情報をもとに考えたり、決定をしたりします。同時に、人の意識には思い出そうとしていない情報がひとりでに浮かぶこともあり、外から予期せぬ情報が入ってくることもあります。ワーキングメモリは、ただの情報の置き場というのではなく、多くの情報を交通整理して複雑な認知をうまく実行する働きをもっています。このような調整したり、コントロールしたりする働きを実行機能と呼びます。実行機能は、記憶の補助というにとどまらず、人の認知過程をモニターして、コントロールする働きです。

すると、この実行機能の働きが、自分のネガティブな認知に気づくことや、それを修正することに大きな役割を果たすと考えられます。いつも心配をしている人の場合、「もし○○になったら、どうしよう」というように、考えている内容も複雑です。そのため、心配をすることでワーキングメモリを占領してしまって、ネガティブな認知と反する情報に気づくことができなくなってしまいます。

このように考えると、ワーキングメモリあるいはその中心部ともいえる実行機能は、マインドフルネス瞑想による体験の観察によって向上させられるのではないかと予想できます。アミシ・ジャー（Amishi Jha：1970-）らは、瞑想の実践時間（期間ではない）が長いほど、ワーキングメモリは向上し、またワーキングメモリが向上するほど、ネガティブな気分は減少することを見出しました。ここで実践時間の効果が出ているという点が重要です(3)。マインドフルネス瞑想の効果は、実際に瞑想をした時間が決めるということは繰り返し得られている知見です。

人がその時々に意識を向けている情報は、ワーキングメモリの中に保持されていますが、意識を向けているということは、言い換えれば注意を向けているともいえます。つまり、注意のコントロールとも非常に関連の深い現象なのです。そして、注意のコントロールを向上させるトレーニングも存在します。これは、メタ認知に焦点を当てた認知療法の技法のひとつです[1]。この方法では、自然に生じている音刺激（時計の音、空調の音など）やペンで机をついたりといった音刺激に注意を向けてもらいます。まず、選択的注意を六分間、多数ある中から特定の音に絞って注意を集中してもらいます。次に、注意切り替えを六分間、複数の音刺激を次々に（時計、空調、外の自動車といったように）切り替えてもらいます。最後に、注意分割を三分間、ここでは複数の音刺激に同時に注意を向けてもらいます。この方法を見ていただくと、マインドフルネス瞑想そのものだと思われるかもしれません。異なる点は、呼吸や身体をあえて避けている点です。これは、リラクセーションなどの身体に気づきを向ける技法を用いた場合に、不安の強い人ではパニック発作が誘発される場合もあるためです。筆者の研究グループでは、この注意訓練とマインドフルネス瞑想で同程度に心配が低下したことを明らかにしました[4]。一週間、毎日一五分の瞑想をしてもらい、双方の群で、一週間後の心配は低下していました。訓練を行わない統制群では、そのような変化はみられませんでした。

さらに、注意訓練に加えて、計算問題によって実行機能を高める訓練をうつ病の人に行ってもらった研究もあります。計算問題はクレペリン検査の音声版のようなものと思ってください。次々と読み上げられる数字を隣同士で足し算することが求められます。数字は次々と音声で提示されるため、それを覚えておきながら足し算をして、ボタンで回答するというように記憶の保持と加工を同時にする必要があります。これはまさに実行機能による認知資源の振り分けが必要な働きです。治療に難渋していたうつ病の患者さんに、この方法で治療を行った結果、抑うつの症状が低下するとともに、脳の機能にも変化が生じました。感情を起動するときに働く扁桃核という部位については、ネガティブな刺激を提示されたときの反応が低下しました。同時に、実行機能の中心的な部位である前頭前野の活動は、困難な課題を行っているときに増大しました。つまり、実行機能は向上し、感情は沈静化されたという結果が生じたのです。注意訓練も計算問題も感情に関する内容を含まない課題です。つまり、記憶と計算を同時並行で行うことと、感情を沈静化させることという、まったく異なって見える機能が、共通するメカニズムに拠っていることが明らかになったのです[5]。

自動思考のような現象に気づき、対象化するという意識の働きを高めることがマインドフルネス瞑想や、それ以外の心理療法で行われていることである、という理解は非常にわかりやすいものです。実行機能に関する研究知見は、たしかにその考え方を支持するものでした。

実行機能と脱中心化は心理療法の諸派に共通のメカニズム

どのような種類の心理療法でも、セラピストが直接苦しみのもとを取り除くという形はとりません。そうではなく、患者さん自身がみずからの苦しみにうまく向き合うことを助けます。つまり、それぞれの心理療法の違いは、患者さんにどのような技術が育ったかという観点から見ることができます。そこで、瞑想、フォーカシング、認知療法、ストレス対処など多様な理論背景から出てきた「苦しみに向き合う」スキルを測る質問項目に回答してもらい、そのデータを因子分析という統計的な方法で分析しました[6]。

因子分析は、調査参加者が同じような回答傾向を示した質問項目をグループ化できるものです。その結果、もととなった理論別に分かれるというよりも、共通したスキル同士がまとまりました。その中の一つである「否定的な思考から距離をおくスキル」は、認知行動療法、瞑想法、フォーカシングに由来する項目を含むものでした。つまり、この「距離をおく」スキルは、心理療法の学派を超えて共通するものであることがわかります。このスキルの高い人は、不安や抑うつが低いこともわかりました。さらに、注意をコントロールする能力が高い人は、否定的な思考から距離をおくスキルが高いこともわかりました。これらの研究を総合すると、注意やワーキングメモリのコントロールが向上することで、否定的な思考から距離をおくスキルが涵養され、その結果として不安や抑うつの症状が低減するという仕組みがありそうです。

さらに低次の注意へ

しかし、マインドフルネスは、特定の認知機能に絞り込んだトレーニングではありません。あらゆる体験を観察するということが、実行機能も含めて、いろいろな認知の働きに影響すると考えるのが妥当でしょう。実際、実行機能よりも低次の注意への影響があることもわかってきました。低次という言葉は、より自動的な認知過程を指すもので、重要度の低さを示しているわけではありません。

三種類の注意

人は入ってくる情報のすべてを受け入れているわけではありません。このような認知の特徴は注意という心の働きによって説明されます。ただ、日常的な意味で使われる注意という言葉には、それこそ〝注意〟が必要です。電車の中で友人を見かけて声をかけるも、どうやらスマホに夢中でまるで気づかない。こんなとき「不注意なやつだな」と思うかもしれません。しかし、不注意な人というよりも、周りが見えないほどスマホに集中する力が高いともいえます。注意そのものが多面的な現象なのです。そこで、注意の働きを体系的に分類する研究が蓄積され、注意ネットワーク理論というものに結実しました。(7) ここでいうネットワークとは、それぞれの注意を支える脳のネットワークという意味です。

・アラート機能

運転中に「飛び出し注意」という標識があれば、車道に転がってくるボールなどをより敏感に見つけられるようになるでしょう。アラート機能というのは、注意機能の時間的側面のことで、手がかりによって注意状態を高められる力のことです。

・定位機能

広告が多いホームページを見ているときは、ページの中央部の目的の情報が表示される部分に注意を向けるでしょう。定位は注意の空間的側面です。

・実行注意

スポーツでフェイントに引っかからないようにするなど、矛盾や、情報がぶつかり合っているのを解消することです。これまで述べてきた実行機能と重なるものです。

注意ネットワークテスト（Attention Network Test）は、パソコンの画面中央に次々と現れる矢印の向きをキーボードで答えてもらい、その反応時間を計測するというシンプルな課題です[8]。少しずつ条件を変えることで、上記の三つの注意機能を、区分して点数化することが可能です。画面中央の矢印の左と右に（ゆえに本来は課題と関連のない刺激です）、中央の矢印と異なる向きの矢印を配置すると、中央の矢印と同じ向きの矢印を配置したときよりも反応時間は通常遅くなります。この遅くなった反応時間は、矛盾する情報がぶつかり合っているのを解消するのに必要であったと解釈できます。つまり、実行注意が働いていることを示すものです。また、矢印が出る直前に画面に＊（アスタリスク）を表示すると、そろそろ矢印が出るという予告になるため、反応時間は早くなる傾向があります。この早くなった反応時間は、予告をうまく利用できたというアラート機能の働きを示します。さらに、矢印が出る直前にアスタリスクを出すことは同じでも、アスタリスクのあった場所に矢印が出る場合には、アスタリスクが無関連な場所に出るときよりも反応時間は早くなります。これは、空間上の特定の場所に注意を向ける働き、つまり定位機能を反映しています。

長期瞑想者の注意機能

まず、実行注意は比較的短期の瞑想実践によっても向上することが示されています[9]。実行注意は、認知過程のコントロールにかかわるものであり、すでに述べた実行機能とも関連の深いものです。

興味深いのは、定位機能やアラート機能という、より低次の注意機能に、長期の瞑想が独特の効果を及ぼすことが見出されたことです。平均して一四年から一五年の瞑想歴のある人は、刺激の位置を予測する手がかりがないときでも、反応時間があまり遅くなりませんでした。刺激の位置を予測する手がかりは定位機能に関連するとされます。定位機能は空間上の特定の部分に注意を選択的に集中する働きです。刺激の位置を予測する手がかりがないときでも、反応時間があまり遅くならないということは、特定の部分に注意を絞ることなく幅広い領域に気づいていることを示唆します[10]。

時間的な予告手がかりによって示されるアラート機能については、平均五年の経験に加えて一か月の集中トレーニングを経た瞑想者は、予告手がかりの有無にかかわらず、反応が早いことがわかりました。つまり、直後に刺激が出ることを予告されなくても反応が早いことがわかります[11]。

つまり、長期に瞑想を実践していると、注意が空間の特定の部分に狭められることなく幅広くなり、同時に事前の予告がなくとも、刺激がいつ出ても素早く反応できるようになります。特定の事物を取捨選択しない気づきのあり方を、アクセプタンス、中道などといった言葉で表現しますが、長期の瞑想者の注意の状態はまさにそれを表現しているようです。

注意機能の変化がもたらすもの

このような注意機能は、その結果としてどのような臨床的効果をもつのでしょうか？　特に長期の瞑想経験者の注意機能の変化は、アクセプタンスや中道と相通じるものです。集中力を高めてわき目も振らずに仕事に熱中するという、世間で抱かれている注意のイメージとは異なるようです。瞑想の研究では、瞑想を続けた人の変化を丹念に追うことが王道です。しかし研究というのは、使える方法はいろいろ使い、合わせ技で行うものです。個人差、つまりある時点における多くの人の違いを見ていくことで、変化について推論するということも可能です。そんな研究も含めて注意機能が何をもたらすのか考えてみます。

瞑想実践の初期、あるいは短期間で生じる変化としては、手がかりに応じて注意をコントロールする力が向上します。すると脱中心化、つまり自分の認知などから距離をおいて眺められる力が向上することがわかりました。[12] この脱中心化（距離をおくスキル）は、不安や抑うつを低下させることも繰り返し示されています。

一方、瞑想を長期間続けると、注意の空間的な幅が広くなり（限定的、選択的でなくなり）、時間的に刺激の出現を予告されていなくても注意が維持されるようになりました。また、注意の空間的な幅が広くなるほど、体験を観察することによって、幸福感が高くなることがわかりました。[13] つまり、まずは注意を選択的にコントロールできるようになると、ネガティブな考えに囚われにくくなり、次にいろいろなものがあるがままに見えていると、幸福感が高まるといえます。

マインドフルネスが可能にした意識の科学

心理学にとっては、意識というものは非常に興味を惹かれる対象でありながら、扱いにくいものでもありました。実験室で参加者に提示される刺激や、そこで出力される「行動」は明確に定義され、観察しやすいものである一方、意識はそれが難しいと思われていたのでした。そのため、意識は刺激と行動とをつなぐものとして、間接的に推定するしかないように思われていました。

マインドフルネス瞑想は、意識や気づきそのものを向上させる方法として、意識の科学的研究にとっても重要な役割を果たしているのです。たとえば、感情をコントロールするという機能を観察しようと思ったら、それが行われ、かつ成功する場面を確実に捉える必要があります。序章で紹介したジョアンナ・レベックやマリオ・ボーリガードといった感情のコントロールを司る脳の部位を明らかにしたパイオニアたちの研究で用いられた方法は、感情から距離をおくといった技法でした。これは、マインドフルネスに非常に近いものだったのです。

第二章　認知・記憶と注意・集中

ブッダがマインドフルネスに託したもの

マインドフルネスをめぐって　記憶、注意、認知、そして気づきへ

井上ウィマラ

ブッダが話していた言葉に一番近いと思われる経典言語をパーリ語といいます。古代中西部インドの口語です。そのパーリ語で、マインドフルネスの原語は**sati**です。**sati**がリス・デイビットによって**mindfulness**と英訳されるようになったのは一九世紀末頃のことで、先達のさまざまな試行錯誤の末にたどり着いたようです。そのリス・デイビットが一九一〇年に妻と一緒に翻訳した長部経典の英訳タイトルが"**Four fold setting up of mindfulness**"となった頃から定着していったようです。

このマインドフルネスについて体系的にまとめられた経典は、『出息入息念経』(**Ānāpāna-sati sutta**)と前述の『念処経』(**Sati-paṭṭhāna sutta**)の二つに大別されています(1)。前者では呼吸をベース

にした心身相関現象の観察法が一六にまとめられ、後者では身体、感受、心、法（心身相関現象とその法則性）の四領域にわたって一三グループにまとめられたより詳細な観察法が体系化されています。この二つの経典における記述の中で、sati の働かせ方や育成手法に関する述語動詞を見てみると、「忘れないようにしておく」「明確に意識する」「満遍なく知る」「自覚する」「訓練する」そして「気づく」あるいは「洞察する」などと訳すことが可能な言葉が使われています。現代のマインドフルネス研究が記憶、注意、認知などの領域にわたって研究されている状況に通じるものだと思われます。

マインドフルネスが説かれた背景

仏教史の中でマインドフルネスが体系的に説かれるようになった背景には、集団自殺というトラウマ的な事件が関係していたようです。出家修行者の生活規範を集めた『律蔵』によると、ブッダは性欲に悩む出家修行者たちのために風葬の墓場で死体を観察する不浄観を推奨していた時期があったようです。準備の整っていない修行者たちは、ブッダの目の届かないところで死体と直面することによって精神的なバランスを崩してしまい、恐怖と嫌悪感に襲われて集団自殺を起こしてしまったようです[2]。自分では死に切れずに、殺し屋に依頼して殺してもらった人もいたようです。この事件に照らして、パーラージカという四つの極刑の第三番目として「殺人をしないこと、自殺や自殺ほう助も含む」という趣旨の戒律が定められました。

これは現代の惨事ストレスにもよく似た状況であり、瞑想の危険性を示す事件でした。事情を知ったブッダが、侍者のアーナンダから「もっと安全性の高い瞑想法を教えてください」という要請を受けて説いたのが、「呼吸によるマインドフルネス（Ānāpāna-sati）」の教えでした。おそらく最初はシンプルなものだったと思いますが、次第に体系化されていき、中部第一一八経『出息入息念経』としてまとめられた形になっていったものと思われます。この経典からわかることは、当時の出家修行者たちは大小のグループを作り、長老と呼ばれるリーダーに導かれて遊行しながら修行しており、それぞれ自分に合った瞑想法を実践していたようです。そしてこの経典では、呼吸を基本的対象として感覚、心、心身相関現象を見つめていくプロセスが一六の観察法として説明されています。表1にそれらを訳出しますので、観察に関連する述語動詞に注意しながら読んでみてください。

呼吸の諸相を見つめること

ブッダのマインドフルネスと現代的マインドフルネスの一番の違いは、ブッダのマインドフルネスではコントロールしないありのままの呼吸を見つめることから始まっているところです。瞑想指導をしていて感じることの一つが、コントロールせずに素の呼吸をありのままに見つめることの難しさです。数息観のように呼吸を数えたり、ヨーガのプラーナヤーマのようにコントロールしたりするほうが初心者にはやりやすいようです。

経典に数息観などは出てきませんが、注釈書の中には初心者の補助輪として使うことは可能だと書かれています。それだけ私たちの脳は、何かをすること（doing mode）に慣れてしまっていて、あ

表1　感覚、心、心身相関現象を見つめてゆく16の観察法

1．息を長く吸っているときには「息を長く吸っている」と遍く知り、
　息を長く吐いているときには「息を長く吐いている」と遍く知る。
2．息を短く吸っているときには「息を短く吸っている」と遍く知り、
　息を短く吐いているときには「息を短く吐いている」と遍く知る。
3．「全身を感知しながら息を吸おう」と訓練し、
　「全身を感知しながら息を吐こう」と訓練する。
4．「身体の動きを静めながら息を吸おう」と訓練し、
　「身体の動きを静めながら息を吐こう」と訓練する。
5．「喜びを感知しながら息を吸おう」と訓練し、
　「喜びを感知しながら息を吐こう」と訓練する。
6．「安楽を感知しながら息を吸おう」と訓練し、
　「安楽を感知しながら息を吐こう」と訓練する。
7．「心の動きを感知しながら息を吸おう」と訓練し、
　「心の動きを感知しながら息を吐こう」と訓練する。
8．「心の動きを静めながら息を吸おう」と訓練し、
　「心の動きを静めながら息を吐こう」と訓練する。
9．「心を感知しながら息を吸おう」と訓練し、
　「心を感知しながら息を吐こう」と訓練する。
10．「心を和ませながら息を吸おう」と訓練し、
　「心を和ませながら息を吐こう」と訓練する。
11．「心を安定させながら息を吸おう」と訓練し、
　「心を安定させながら息を吐こう」と訓練する。
12．「心を解き放ちながら息を吸おう」と訓練し、
　「心を解き放ちながら息を吐こう」と訓練する。
13．「無常であることを繰り返し見つめながら息を吸おう」と訓練し、
　「無常であることを繰り返し見つめながら息を吐こう」と訓練する。
14．「色あせてゆくことを繰り返し見つめながら息を吸おう」と訓練し、
　「色あせてゆくことを繰り返し見つめながら息を吐こう」と訓練する。
15．「消滅を繰り返し見つめながら息を吸おう」と訓練し、
　「消滅を繰り返し見つめながら息を吐こう」と訓練する。
16．「手放すことを繰り返し見つめながら息を吸おう」と訓練し、
　「手放すことを繰り返し見つめながら息を吐こう」と訓練する。

1～4：身体の観察、5～8：感受の観察、9～12：心の観察、13～16：法の観察

りのままのいのちに触れること（being mode）にはある意味での不安や怖さを感じてしまうのかもしれません。瞑想の脳科学的研究におけるインストラクションでも、Focused attentionのインストラクションのほとんどで数息観が使われているのはそのためだと思われます。視点を変えてみると、ブッダのマインドフルネスでは、最初からありのままの呼吸を見つめる中で集中力と洞察力をバランスよく育てることを目指したといってもよいでしょう。

表1の3の「全身を感知しながら（sabbakāya paṭisaṃvedī）」という言葉には、文字通り身体全体を感じるというニュアンスと、隠れた次元として呼吸の始まりから終わりまで（止息の部分を含めた）プロセス全体を感じるという二つのニュアンスが込められています。呼吸には外呼吸と内呼吸があり、ガス交換とエネルギー代謝を担っています。呼吸瞑想では、ガス交換としての、出入りする息を感じながら見守る作業をしていきます。すると、鼻から肺へと流れ込んでいく息の感触に誘われるようにして、エネルギー代謝としての全身の細胞における内呼吸を感じることに突入してしまう場合があります。俗にいう「気の流れ」を感じるというのはそのことを指すのだと思います。

身体の動きを見つめること

表1の4の「身体の動きを静めながら（passambhayaṃ kāyasankhāraṃ）」という言葉には、意識的に日常の動作を落ち着かせるという表面的解釈の背景に、ありのままを見つめていると自然に身体の動きも落ち着いてくる、さらには呼吸が静まっていくというニュアンスが込められています。なぜか

というと、呼吸をはじめとする日常動作を注意深く見つめていくと、あらゆる動作の原因となっている前意識的な意図と、その前意識的意図を生み出している身体的な不快感を感じ取ることができるようになるからです。一例として、私たちはなぜ一晩に何度も寝返りをするのかについて考えてみるとよいでしょう。ある姿勢で寝ていることによって身体の特定部分にかかってくる圧力による不快感を取り除こうとして、寝返りを打って姿勢を変えるのです。

また文字通りの解釈については、握った拳を一分間かけてゆっくり開き、また一分間かけてゆっくりと握ってみる動作瞑想をしてみるとよいでしょう。一瞬のうちに滑らかに動かしていた動作が、カクカクとしたデジタルな動作に分解されてしまったようで、まるで身体の一部が異物になってしまったかのように感じる人もいるでしょうし、他人の身体になってしまったように感じる人もいます。スポーツでフォームの修正をするときには、ゆっくりと動作を繰り返しながら新しいフォームを身体に覚え込ませていきますが、その理由を深く理解することにつながる体験です。

生命呼吸と意思呼吸

解剖学者である三木成夫の『生命の形態学』によると、私たちの身体には口から肛門につながり消化吸収を担う植物的器官と、それを取り囲むように「感覚・運動」の機能を担う動物的器官が螺旋のリズムで組み合わされて進化の歴史が刻み込まれているようです[3]。こうして身体に刻み込まれた進化の歴史のうえで、私たちの呼吸には延髄呼吸中枢に支配される「生命呼吸」と大脳運動皮質の支配を受ける「意思呼吸」とがあり、呼吸によるマインドフルネスが深まると、呼吸の始まりと終わりの様子を詳しく見つめることを通してこれらの違いを感じ取れるようになります。すると、「息がはずむ」「息が合う」「息を合わせる」「息をひそめる」などといった、「息」という言葉を含むイディオムが織り上げられた頃の先人たちの息遣いと身体感覚を想像できるようになります。

瞑想による喜びと観の汚染

呼吸を見つめることで集中力が充分に養われていくと、五蓋《ごがい》と呼ばれる心の曇りが晴れて、生命の喜び（pīti）が浮き立って感じられるようになります。表1の5からは、禅定によって生まれる喜びの観察を通して、感受の観察に入ります。喜びは光として体験されることが多いものですが、身体が軽くなったり、鳥肌が立ったり、身体の中をエネルギーが通り抜けるように感じたりすることもあります。初心者はこうした神秘的な体験に圧倒されてしまい、これが悟りや解脱ではないかと勘違いしてしまって、瞑想の迷路に入り込んでしまうことがあります。

伝統では「観の汚染（vipassanā-upakilesa）」と呼ばれる、瞑想の落とし穴になりうる現象（心の働き）として光明、智慧、歓喜、軽やかさ、リラックス、確信、奮励、寄り添い、平静な見守り、微欲を挙げています。[4] これらのうちで微欲に無自覚でいることによって、スピリチュアルな比較や競争意識に巻き込まれて道を見失ってしまうのです。それ以外の働きは瞑想を助けるものですので、微欲を自覚して乗り越えることができると、修行者はより高度な洞察の段階に進んでいくことができます。喜びの刺激性や興奮性の疲れを知ることによって安楽（リラックス）が訪れ、その静けさへのこだわりを見つめることによってさらに微細な現象の生起と消滅のプロセスを見つめることができるようになります。

喜びのエネルギーの使い方

ブッダが、一六の観察法の五番目、感受観察の冒頭に喜びの観察を挙げておいたのは、集団自殺事件からの学びではなかったかと思われます。安定した集中力による喜びを体験し、そのエネルギーを充分に受け取り、瞑想の迷路を見極めることができてはじめて、不浄観のようないのちの影の部分を見つめる瞑想に耐えられる準備が整うということです。

光やエクスタシーなどの神秘体験は禅定と呼ばれる集中力の産物ですが、そのエネルギーは「私」という感情や思考の複合体への執着が解体していく際の不安や恐怖に耐えるためのエネルギー源として利用できるようにしておくことが必要なのです。

身体感覚から心の観察、そしてアビダンマ仏教心理学へ

感受（vedanā）と呼ばれる原始的身体感覚には、快、不快、中性の三種類があります。快には欲望が、不快には怒りや破壊性が、中性には忘却と自動操縦状態が連続していきます。こうしたプロセスの観察から心の観察が始まります。心の観察では、その心が貪瞋痴と呼ばれる煩悩に染まっているか、

表2　『念処経』にまとめられた13の観察法

身体	①呼吸、②姿勢、③日常行為、④身体部分、⑤地水火風、⑥死体の崩壊過程
感受	⑦快・不快・中性の身体感覚
心	⑧心が欲望、怒り、無自覚に汚染されているかどうか、集中しているか散乱しているか、囚われているか解放されているかなど
法	⑨人間存在を構成する五つの集合体（五蘊）、⑩心を曇らせる五つの要素（五蓋）、⑪六つの感覚器官とそこに生じる意識活動（六感覚処）、⑫悟りに導く七つの要素（七菩提分支）、⑬四つの聖なる真理（四聖諦）

解放されているかなどを観察します。感受観察から心の観察に移行するあたりで、縁起の観察を含めたアビダンマと呼ばれる仏教の認知心理学的な分析体系が生まれてきます。

その概要を見てみるために、『出息入息念経』から『念処経』に視点を移してみたいと思います。『念処経』では、身体、感受、心、法（心身相関現象とその法則性）という四領域において、一三のグループにまとめられた観察法が説かれています（表2）。

「私」という集合体への執着を見つめる

アビダンマは仏教における認知心理学に相当するもので、ブッダを頂点とするマインドフルネス瞑想の修行者たちがそれぞれの瞑想体験を整理する中で発展してきたものと思われます。伝説によると、ブッダは亡き母親が生まれ変わった三十三天で神々に対してアビダンマを説き、その内容を人間世界に降りてきたときに智慧第一のサーリプッタに説き、そこから今に伝わるアビダンマ（論蔵）の教えができたと解説しています。時代の科学では遠く及ばないような高度な知性と能力をもつ存在に対して説かれた教えであると想像してみるのが、ＳＦのようで夢のある解釈かと思われます。

さて、『念処経』では、アビダンマの入口となるマインドフルネス瞑想の実践法が法の観察あたりから列挙されていきます。その最初が「五蘊《ごうん》」の観察です。五蘊とは人間存在を構成する五つの集合体という意味で、色受想行識と呼びならわされており、「般若心経」の冒頭で「照見五蘊皆空」と出てくるものです。色（rūpa）は物質的身体、受は感受、想（saññā）はイメージや認知や想念、行（sankhāra）は業を作る意思、識（viññāṇa）は記憶を含む意識活動一般を指します。魂と呼ばれるものは識に含まれると考えてよいでしょう。

仏教では、私たちが自分だと思っているのは、五蘊を「私」であると執着している状態だと考えます。そうして「私」だと思い込まれている五蘊のことを五取蘊《ごしゅうん》と呼びます。マインドフルネスの五蘊観察は、五蘊のそれぞれの発生と変化、消滅のプロセスを詳細に観察することによって、「私」と思う意識状態は、純粋な五蘊とは違う意識のレベルで発生したものであることを見抜いていく実践になります。

五蘊観察が成就していくと、不思議なことに、「私」という思いを超えた次元で身体同士、イメージ同士などが響き合っている世界があることに心が開かれていきます。それは、カール・ユング（Carl Jung：1875-1961）のいう集合的無意識に出会う体験に似ているかもしれません。

感情生活を見守る　再生しない手放し方

五蓋は、貪り、怒り、眠気や不活発性、浮つきと後悔、疑いという五つの心を曇らせる働きです。

五蓋の観察は、日常生活で厄介な感情をしっかりと見つめていくことに近いものです。たとえば怒りの場合には、まずは怒りがある状態とない状態を見分けるところから出発します。怒りがあるときには身体のどの部分にどんな緊張があり、心の中にはどんな気持ちや感情が渦巻き、頭の中ではどんな物語が展開しているでしょうか？　正義感に燃えているときは、自分が怒っているという自覚はなく、その想い・物語に酔いしれているところがあります。これが怒りの魅力です。どんな感情的エネルギーにもピークがあります。その頂点を過ぎると、少しずつ「悪いことをしちゃったかな……」という思いや後悔も生まれてきます。

マインドフルネスの五蓋観察の興味深いところは、表面的に消えたものが再生してくるかどうか、どうしたら再生しなくなるかを含めて観察していくことです。「怒りはよくない」という思いで抑圧しても、いったんは姿を消したそのエネルギーは形を変えて再発してきます。怒りの背景にある、願いや、無力感や悲しみなどを含めて見守ることができたとき、怒りは再発することなく自然に消えていくことができるのです。そしてそのエネルギーを有効に使いこなすことができるようになります。

中和し合う関係性を見つめる

五蓋の観察が成就されてくると、禅定を支える禅支と呼ばれる五つの心の働きとの中和関係を観察することもできるようになっていきます。禅支には、対象に心を向ける言語的思考（尋：vitakka）、対象を観察する非言語的思考（伺：vicāra）、喜び（pīti）、リラックス（楽：sukha）、一体感（一境性：ekaggata）があります。禅定は、これらの働きによって五段階に区分されています（表3）。

　禅定が深まるにしたがって、前の段階で目立っていた働きが沈静して、より静かで落ち着いた状態に移行していきます。集中するために働いていた言語的・非言語的思考が必要ないくらいに対象とフッキングできると、いのちの喜びが浮き上がってきて、その刺激性が静まるにつれて静かにリラックスした一体感の中に入っていきます。こうした集中状態に出たり入ったりを繰り返しているうちに、心が乱れているときには騒がしかった五蓋のそれぞれが、どの禅支によって中和されて収まってしまったのかに気がつくことがあります。

　深く安らいだ一体感の中で対象との分離感が中和されると、貪欲が収まってきます。同様にして、喜びが怒りを中和し、対象に心を向ける言語的思考が眠気や不活発性を中和し、リラックスが浮つきや後悔を中和し、対象を観察する非言語的思考が疑いを晴らしていきます。

表3　禅定と禅支（『アビダンマッタサンガハ』より）

禅　定	禅　支
第1禅	尋・伺・喜・楽・一境性
第2禅	伺・喜・楽・一境性
第3禅	喜・楽・一境性
第4禅	楽・一境性
第5禅	一境性

接触・感覚・認知のプロセス観察へ

「六根清浄《ろっこんしょうじょう》」という言葉にもなっている、眼耳鼻舌身意の六つの感覚器官に対象が触れる瞬間から、感覚や感情や認知がどのように発生して展開していくかを見つめるのが六感覚処におけるマインドフルネス瞑想の内容です。たとえば、眼に光が触れて、色や形が見えてきて、何かにフォーカスすることで「赤い花だ」という知覚が発生します。自然に見えているだけの状態と意識して見ている状態、それが何かを判断する状態は一連のプロセスではありますが異なったレベルにおける意識の働きです。

アビダンマではこうしたプロセス観察を心路（vīthi）と呼ばれる認知過程として体系化しました[5]。心路では、五門心路と意門心路が大別されます。五感の体験では身体的受容器に物質的な対象が触れてプロセスが始まりますが、五門心路の場合には記憶や概念やイメージなどが、スクリーンの役目をする心の流れに触れることでプロセスが始まると考えられています。物質の最小単位時間の間に心は一七回消滅するとされ、表4のようなプロセスが展開していると考えられています。

生命維持心は、心身の個体としてのホメオスタシスを保持する最深層の意識で、受精の瞬間と死の瞬間にも生じています[6]。この生命維持心の切れ目から五門心路や意門心路が創発してきます。

ニーバーの祈りと縁起

「業を作る心」と「業の結果としての心」を分類しているのは、人生の受けとめなければならない部分と、解脱を目指して積極的に働きかけることのできる部分を見分ける作業の結果です。これは縁起の解釈に深くつながるものですが、「神よ、変えられないものを受けとめるための心の平静さと、変えるべきものを変える勇気と、それらを見分けることのできる智慧をお授けください」というライ

表4　五門心路の場合（『アビダンマッタサンガハ』より）

1	生命維持心（bhavanga-citta）	業の結果としての心	物質の最小単位時間
2	生命維持心	業の結果としての心	
3	生命維持心	業の結果としての心	
4	引転心（切り替え）	業の結果としての心	
5	眼識	業の結果としての心	
6	領受心	業の結果としての心	
7	推察心	業の結果としての心	
8	確定心	業の結果としての心	
9	速行心（勢いよく味わい意思する）	業を作る心	
10	速行心	業を作る心	
11	速行心	業を作る心	
12	速行心	業を作る心	
13	速行心	業を作る心	
14	速行心	業を作る心	
15	速行心	業を作る心	
16	彼所縁心（記憶に落とす）	業の結果としての心	
17	彼所縁心	業の結果としての心	

ンホルド・ニーバー（Reinhold Niebuhr：1892-1971）の祈りにも通じるもので、宗教を超えた人間の智慧の表れだと思われます。

意門心路と「私」の発生

意門心路では、「ア」と「カ」と「イ」という音素が結合して「アカイ」という一塊の言葉として認識され、そこに「赤い」という意味が載ってくる際に、記憶情報を介してさまざまな情動的な情報も加味されてきます。こうした意識プロセスはごく短時間のうちに繰り返されて、生じては滅しています。こうした意識プロセスの積み重ねのうえに「私」という観念が加味されて「私は赤い

表5　意門心路（『アビダンマッタサンガハ』より）

1	生命維持心	結果としての心
2	生命維持心	結果としての心
3	引転心	結果としての心
4	速行心	業を作る心
5	速行心	業を作る心
6	速行心	業を作る心
7	速行心	業を作る心
8	速行心	業を作る心
9	速行心	業を作る心
10	速行心	業を作る心
11	彼所縁心	結果としての心
12	彼所縁心	結果としての心

花がほしい」などという意識が生まれます（表5）。

序章で紹介した思考実験でも考察してみましたが、こうした言語的な「私」意識が生まれてくるためには少なくとも三秒から数秒程度の時間が必要です。そのわずかな時間のうちに、本当に数え切れない微細な意識の過程が積み重ねられているわけです。経典では、「私」意識が生まれてくるのに伴って表6にまとめたような意識レベルがあることを観察していたことが伝えられています。

唯識論とのつながりと相違点

生命維持心は唯識論の阿頼耶識《あらやしき》に受け継がれていくものです。しかし心路観察では、唯識論のような構造化はしません。唯識派では、五門心路に加えて、意門心路において発生してくるプロセスを前意識的な第六識、自我観念に特化してくる第七末那識《まなしき》、そしてすべてを保存・継承して行く貯蔵庫としての第八阿頼耶識として構造化していきます。

心路観察ではそうした構造化をするのではなく、生命維持心は受精時から死亡する最期の瞬間まで、

表6　「私」の風景（『相応部蘊相応長老品』より）

主客未分の存在を感じる	「いる、ある」(asmi)
主客が分離して 「私」を感じる	「私がいる、私である」(ahaṁ asmi)
所有観念が生まれる	「それは私のものだ」(etaṁ mama)
「私」が客観化される	「それが私だ、私はそれだ」(eso ahaṁ asmi)
「私」の背後に 自我や魂を想起する	「それが私の自我だ、魂だ」(eso me attā)

前世の業を対象として発生し続けて今生の心身の動的平衡を維持すると考えます。ロマンチックな言い方をすると、私たちは意識の一番深いところで、前世で最も力をもっていた業を思い出し続けることによって生命としての同一性を維持しながら生きていくことが可能になるのです。

臨終心路　輪廻転生時のエネルギー情報伝達について

仏教でもマインドフルネスでも、輪廻転生を信じるかどうかは大きな問題ではありません。輪廻転生があってもなくても、生命現象のうえで展開する「私」という思いの発生に伴う喜怒哀楽と苦楽の展開を見つめていくことが基本になります。そして輪廻転生があるとした場合には、どのような仕組みで死と再生がつながっていくのかが重要な探求テーマになります。ブッダは、輪廻転生を信じる人からの質問に対しては「○○はどこそこに生まれ変わった」という具体的な答えをしていますが、信じることを要求することはなく、信じない人に対しても心身現象の見つめ方を平等に指導しています。瞑想の進み具合に応じて、輪廻転生はあるかないか、前世や来世はあるかないか、それらが何を意味するのかについてその人なりの腑に落ち方があり、世界観についてはそれでよいのです。

こうした指導環境の中で、死と再生のつながりに関する詳細な観察が臨終心路（**maraṇa-āsanna-vīthi**）としてまとめられています。[7] これは、出家修行者たちのマインドフルネス実践が看取りを含めた相互看病として行われていたことによる当然の帰結でもあります。また、ブッダが解脱する際に得た三つの洞察智の一つが死と再生のつながりを見極める死生智（**cuti-upapatti-ñāṇa**）だったこととともつながるものです。

臨終心路という概念によれば、私たちは死の直前に今回の人生で一番強いエネルギーをもつ業の体験を思い出し、あたかもそれが目の前で展開しているように思い込むことによって記憶の情報エネルギーが転送されると考えられています。したがって輪廻転生から解脱するためには、そのときに思い出されたことを記憶の想起としてありのままに見つめて手放していければよいことになります。マインドフルネス瞑想の究極的な目的は、人生最期の瞬間にその「手放し（脱中心化）」ができるように、死の直前に浮上してくる想念を看取ることができるように事前にトレーニングしていくことになります。

縁起観察へ

こうした知見が最も体系的に整理されたのが十二縁起と二十四縁の教えです。日本仏教には十二縁起だけしか伝わっていませんが、心路観察がマインドフルネス瞑想の高度な実践として伝承されてきた上座部仏教では二十四縁の教えも、六感覚処の観察などに基づいた縁起のさらなる分析として、

『発趣論（paṭṭhāna）』と呼ばれるアビダンマの一部に収められて伝えられています。[8]

十二縁起は、ブッダが解脱した直後に悟りの内容を振り返ってまとめたものです。[9] 一週間ずつ数回場所を変えながら瞑想したため、七×七＝四九日で四十九日の法要を営む仏教史的背景になっています。解脱によって何がどう生まれ変わったのかを振り返る瞑想でした。

十二縁起は、「無明によって行（業を作ること）があり、行によって識があり……誕生によって老死と憂いと悲嘆・苦・苦悩・煩悶がある」と、無明から苦しみの生起を一二のリンクによって説明する順観と、「無明が滅することによって行が滅し……老死と憂いと悲嘆・苦・苦悩・煩悶が滅する」と消滅の流れを説明する逆観とがあります。一二の項目を、過去の原因、現在の結果、現在の原因、過去の結果としてまとめると表7になります。

連結を切ることができるところ

マインドフルネス瞑想は、十二縁起の中で現在の結果から現在の原因を作ってしまうところで、その連結が切れていくように見つめることがポイントになります。私たちが心と身体をもって生まれてきた以上、さまざまな出会いの中でいろいろなものに触れて感じるのは受け入れなければならないことです。ですから受を見つめて渇愛につなげてしまわないようにできれば一番よいのですが、それはとても難しいことです。そこで、渇愛が習慣化して執着になってしまう場面や、執着が「私」というパターンを布置していく場面をよく見つめることが具体的な観察の出発点となります。

表7　十二縁起

過去の原因	
無明	自分の感情や思考や行為に無自覚な状態
行	意思によって業を作ること
現在の結果	
識	記憶を含む意識全般。魂と呼ばれるものも含む
名色	物質的身体と心
六感覚処	眼耳鼻舌身意の６つの感覚器官
触	感覚器官における対象との接触
受	原始的身体感覚、快、不快、中性の３種類がある
現在の原因	
渇愛	感覚を求める欲愛、自己存在を求める有愛、思い通りにならないものをなくしてしまいたい非有愛という３つの衝動的欲望
執着	渇愛が習慣化して身体に緊張の束として固定していったもの
有	執着の束が集まって「私」というパターンを布置するもの
未来の結果	
誕生	生まれること
老死、憂いと悲嘆、苦、苦悩、煩悶	誕生に伴う苦しみ全般

こうして有から執着へ、執着から渇愛へ、そして受から渇愛が発生してくるその瞬間へとさかのぼって見つめていけるようになることがマインドフルネスの智慧の深まりを意味します。そして同時に、それは過去の原因になっていた無明から行への連結を見極めて切断する作業にもなっていくのです。

無明と反復強迫と隠蔽記憶

ブッダが無明と呼んだものが何であるのかを理解するためには、フロイトの「反復強迫」という概念が役に立ちます。フロイトは、患者が言葉で思い出せないことを無意識的な行動で反復してしまうことを発見しました。そして、私たちが言葉で思い出すことは、本当にあったことをその通りに思い出すのではなく、本当のことを隠すために言葉で覆ってしまうように思い出すことがほとんどです。フロイトはそれを「隠蔽記憶」と呼びました[10]。

私たちは、自分の思い出していることが隠蔽記憶であることにさえ気づかないことがほとんどです。そこで精神分析では、本人が何をどのように隠蔽してしまっているのかに気づくことができるように、解釈を投与して、クライエントが自分の力でその言葉を見つけ出すことができるように支援することになります。しかし、分析家が転移・逆転移の関係に巻き込まれる中でそうした適切な解釈を見出して伝えることは容易なことではありません。フロイトはそのために「差別なく平等に漂わされる注意」という意識の保ち方を分析家たちに示しますが、具体的にどうしたらそれが獲得できるのについては何も言い残すことができませんでした[11]。今日、仏教と精神分析を革命的に架橋する精神科医マーク・エプスタイン（Mark Epstein：1953- ）のような実践家は、マインドフルネスの実践に「差別なく平等に漂わされる注意」を体得するための秘訣を見出しているといってもよいでしょう[12]。

「差別なく平等に漂わされる注意」から「治療的沈黙」へ

「差別なく平等に漂わされる注意」とは、善悪の価値判断に囚われず、クライエントに起こっていることにも、自分の中に起こっていることにも、必要に応じて自在に対応できる状態に意識を保っておくことです。こうした注意力を身につけることができると、クライエントが沈黙したときの対応が変わってきます。精神分析では、クライエントの沈黙は抵抗の表れであるとして解釈することが一般的になってしまっています。しかし、そうした解釈は治療関係を破壊し、クライエントがみずからの仕方で体験に合った言葉を探し出すための時空を奪い取ってしまう可能性があります。

そこで「差別なく平等に漂わされる注意」を身につけることができている場合には、安易な解釈を投与するのではなく、クライエントが体験に合った自分なりの言葉を見つけ出せるまで、しばらく静かに温かく見守っていることができるようになります。セラピストが、その沈黙に耐えられずに解釈で沈黙を埋めてしまいたいという自分の不安と衝動に気づき、手放すことができるようになっているからです。エプスタインとの交流を通して、私はこうして沈黙に寄り添う態度を「治療的沈黙」と呼ぶようになりました。

治療的沈黙は、『念処経』における一三グループの中の「日常行為」の観察に説かれている、「話しているときにも沈黙しているときにも正しく遍く意識しながら行う」という実践に相当します。私はこれを話すマインドフルネス・聴くマインドフルネスとして実践し教えるようにしています。禅宗でいう「日々是好日」や「平常心是道」の基盤となっているマインドフルネス実践です。

マインドフルネスでは、座って呼吸を見つめているときだけに限らず、日常生活のあらゆる場面でこうした意識の保ち方を学ぶことによって、無明によって業を作ってしまう瞬間をありのままに見つめ、自然にその連結が切れていける流れが起こるための準備を進めていくのです。

コンプレックスに出会う瞬間を見守る心

フロイトの精神分析を成就させるための意識のもち方が「平等に漂わされる注意」だったのに対して、ユングの精神分析を成就させるための意識の保ち方は、連想実験をしている被験者がコンプレックスという抵抗を抱える言葉に直面したときの表情や仕草の変化、反応時間の遅れをよく観察することにあったようです[13]。病気や苦悩をもたらす秘密につながる言葉から何かを連想しなくてはならない状況では、私たちは自分ではどうにもコントロールできないような微細な非言語的反応を隠し切ることはできません。

セラピストの役割は、そうした状況下でのクライエントの変化をよく観察しながら、そこで不必要な介入をしてしまわずに、そのクライエントがその問題と最も向き合いやすい方法、表現しやすい仕方でそのテーマに取り組み、より全体的に人生を生きることができるように支援する道を一緒に探し出していくことになります。

コンステレーションから集合的無意識へ

ユング自身は、この連想実験の学びから家族的布置（コンステレーション）という考えを思いつき、さらにみずからの神秘的な体験の遍歴を経て集合的無意識や元型という概念の構築へと向かいます[14]。コンステレーションは、十二縁起の中で執着がパターン化しながら自我や魂の形が意味づけられ「有」が形成されていくことに対応します。その意味で、「有（Bhava）」は元型に近いものかもしれません。

ユングはこうしたパターンの世代間伝達が身振りを通して伝えられていくことを見抜いています。さらに集合的無意識は、五取蘊としての「私」への思い込みが外れて五蘊そのものを見つめることができるようになると、色受想行識のそれぞれが集合的に響き合っていることが感じ取れるようになります。集合的無意識は、そのように響き合う意識の働きであり、心身に刻み込まれた系統進化の歴史がイメージや感覚を通して感じ取られる体験なのではないかと思います。

二十四縁とシンクロニシティ

二十四縁では、最初に原因となって現象を支える因縁（hetu-paccaya）がおかれ、二番目には対象となって意識に現れることで支える対象縁（ārammaṇa-paccaya）が説かれます。対象縁は、ユングのいう共時性につながるものです。一見関係のないように見えることでも、同時に意識の対象として浮かび上がることによって、その人の存在に大きな影響を与えるご縁です。

二十四縁で興味深い分析では、そこにいることによる支えと同時にそこにいないことによる支え（不在縁：**natthi-paccaya**）や、その場から消え去ることによる支え（離去縁：**vigata-paccaya**）なども考察されています。これらは親子関係を思い出すときや、善悪の判断が人生の流れの中で転変しながらめぐっていくことを考察するときにも活きてきます。慣れ親しむことによる縁や、依存し合うことによる縁、直前に生じる縁、直後に生じる縁なども考察されています。

同時に発生する同生縁（sahajāta-paccaya）は、量子力学の非局在性につながりうる考察です。同時発生した反対スピンをもつ関係にある二つの粒子は、そのどちらかが観察された瞬間に他方の粒子も特定される、すなわち時空を超えてつながり合っているという性質です。量子コンピュータの原理にも使われるようですが、マインドフルネスの観察においては愛憎などの両極端な感情が繰り返し見守られることによって統合されていくプロセス、仏教でいう中道につながっていく縁のあり方です。

ある人やある事柄について、二十四縁で分析されるようなさまざまな支え合いを書き出してみると、それらの配列がその人や事柄を中心とした曼荼羅のように構成されていくことがあります。自他の関係性を見つめるマインドフルネスの実践がある種の芸術性をもって表現されてくる瞬間です。

悟りへの先達としてのマインドフルネス

二十四縁の一つに、リーダーシップを発揮する縁（主導縁：**adhipati-paccaya**）というのがあります。グループになって存在する際に仲間を先導する役割を担うという仕方での支え合いです。『念処経』における法の観察の「⑫悟りに導く七要素（七菩提分支）」の観察では、マインドフルネスが悟りに導く他の六要素のバランスをとりながら先導する役割を担っていくことが見つめられます。念、現象分析（智慧）、精進、歓喜、鎮静、三昧、平静という七つの要素は、高揚系の現象分析、精進、歓喜のグループと、鎮静系の鎮静、三昧、平静のグループに分かれます。マインドフルネスは、これらの高揚系の働きと鎮静系の働きのバランスをとりながら悟りに向けて先導してくれます。

『念処経』の冒頭では、そのことを次のように述べています。

「修行者たちよ、この道は衆生たちを清め、憂いや悲嘆を乗り越え、苦しみや煩悶を消滅させ、理にかなった方法を獲得し、涅槃を実現するための一路である」

「一路（**eka-ayana**）」とは、瞑想の入口はいくつもあるけれども、どんな修行法も涅槃に到達するためには必ずこの一つの道にたどり着き、この道を通ってはじめて、究極的な安らぎと解放に到達することができるという意味です。マインドフルネスは、どんな宗教も科学も超えて、私たちをそこに向けて導いてくれるものです。なぜならば、それは人類が哺乳類としてグループで力を合わせて生き抜いてきた進化の過程で中核を担ってきた心の働きだからです。

第三章

育つことと死ぬこと

第三章　育つことと死ぬこと

慈悲の進化論と目的論

杉浦義典

マインドフルネスに不可欠な慈悲

マインドフルネス瞑想が広く知られるきっかけとなったのは、企業の研修などで用いられるようになったことでした。実をいえば専門家も、マインドフルネスの紹介をするときに「有名な○○社でも採用されている」という枕詞をつけて話すことがありました。しかし、しばらくすると"McMindfulness"といった言葉で、マインドフルネスの世間での受け入れられ方について批判的な吟味が求められるようになりました。本来は、心の平安を保つための方法であり、思いやり（慈悲）の気持ちを育てるための方法が、営利企業の競争的な活動のために用いられることに懸念があるのです。この懸念に答えるためには、集中力などの注意機能が悪用されるものであるのか、に答える必要があります。そのうえで、あらためてマインドフルネスに不可欠な倫理性を浮かび上がらせる必要があるのです。

優れた注意機能は悪用されうる：サイコパシーの場合

注意機能が悪用されるという可能性を検討するためには、まず注意力は高いほうがよいという価値判断を控える必要があります。自分には注意力がないと思って悩んだり、他人から不注意を指摘されたりした経験があればこそ、注意機能に関心がもたれるわけですが、まずは一度、それを価値判断から切り離してみます。

注意機能が悪用される可能性を示唆する実証的な知見は、サイコパシーの研究から得られました。サイコパシーというパーソナリティ特性の高い人は、共感性や不安が低く、反社会的な行動を繰り返す傾向があります。もとは犯罪心理学の分野から出てきた概念ですが、犯罪者以外にも広く分布しています。不安が低いために、危険な行動や道徳に反する行動へのブレーキが利かないのです。さらに、相手の痛みがわからないため、他者に危害を加える行動がエスカレートします。

では、なぜ不安が低いのでしょうか。有力な仮説の一つである反応調整仮説では、サイコパシー傾向の高い人は、不安になるような事物を見ないようにしていると考えます。通常は、不安を起こすような事物というのは定義からして危険であったり、急いで避けるべきであったりなど、無視できないものです。これが無視できてしまうというのは一見うらやましいような注意力ですが、これが曲者なのではないかという考えです。

注意の働きを実験で観察しようとする場合、ディストラクタと呼ばれる、今必要な課題とは無関連

たりします。

これがディストラクタです。ディストラクタがあるときは、課題の遂行が遅くなったり、誤答が生じ

周上の文字について聞いているのですが、このときに円周の外側にもXやNという文字を提示します。

んだアルファベットの中に、XかNという文字があるかどうかを答えてもらう課題では、あくまで円

で、むしろ誤答を誘導するような刺激を使うことがよくあります。たとえば、画面中央の円周上に並

ナオミ・サデーら（Naomi Sadeh）の実験では、サイコパシー傾向の高い人は、ディストラクタに邪魔されにくいことがわかりました[1]。注意の働きの一つは、情報の取捨選択ですが、この働きが非常に強いことがわかります。ですが、サイコパシーの場合には、危険を知らせる情報を無視できてしまうために、不安を感じにくいという結果につながっているようです。サイコパシーの場合は、不安の低さは気楽な生活ではなく、リスクの高い行動や反社会的行動につながっているのです。

反応調整仮説は、もともと不安の低さを説明するために提唱されました。共感も他者の心中を想像し、あたかもその人になったかのごとくに感情を代理体験するものです。つまり、感情と重なる部分が大きいのです。そこで、筆者の研究室では、反応調整仮説によってサイコパシー傾向者の共感性の低さが説明できないかを検討しました[2]。他者の状態に目を向けないように無視してしまえば共感は生じにくくなると予想されます。注意課題の成績から、ディストラクタの影響を受けやすい人と受けにくい人を比較したところ、ディストラクタの影響を受けにくい場合には、サイコパシー傾向の高い人ほど共感性が、とりわけ苦しんでいる人への思いやりが、低くなることがわかりました。

人は、誰かが苦しんでいればどうしても気になるものです。ところが、サイコパシー傾向の高い人

が選択性の高い注意機能を備えている場合、自分の関心のみに注意を向け、他者の苦しみを無視してしまう状態が生じていることがわかります。繰り返しになりますが、ディストラクタの影響を受けにくいというのは、気が散りにくく、集中力が高い、ともいうことができます。この研究知見は注意の機能が、その人のもつ目標（サイコパシー傾向の高い人は自分の利己的な目標を最優先する）によっては悪い方向に働く可能性を示しています。

マインドフルネス瞑想には思いやりが不可欠である：有害事象の検討

ここでマインドフルネス瞑想に話を戻しましょう。マインドフルネス瞑想は、注意機能の訓練、たとえばディストラクタに妨害されない練習と同じものではなく、それらを含んだより幅の広いものです。基礎的な研究で用いられる実験課題は、注意や記憶などの働きを、さらに細かく分けて捉えるという用途で研ぎ澄まされたものであるため、その測定対象は、日常生活で有用となるスキルと比較すると、相当に幅が狭くなります。

次の段階の検討として、マインドフルネスのスキルでも悪用されることがあるのか、を考えてみましょう。マインドフルネス瞑想に限らず、あらゆる臨床介入では好ましくない結果（有害事象）が伴う可能性に留意する必要があります。マインドフルネスの尺度と「他者を傷つけず、思いやる」という道徳性を同時に測定したところ、この道徳性が欠けている場合、マインドフルネスのスキルが高いほうが、自分の利益のために他者を攻撃する傾向も高いことが明らかになりました[3]。さらに、マインドフルネスが幸福感につながるという本来の効果もみられなくなりました[4]。つまり、他者を傷つけず、思いやる傾向の低い人は、マインドフルネスのスキルを悪用する可能性があると同時に、幸福感も得られないことが示唆されたのです。広い社会のどこかで、そのような「実践」がなされている可能性には気をつける必要があります。

四無量心

他者を傷つけず思いやるという道徳性は、マインドフルネスが幸福感につながるために不可欠なものであることがわかりました。マインドフルネス瞑想では、たしかに注意機能を用いて自分の体験と距離をおいて眺めます。このとき、慈悲喜捨という四無量心が不可分です。他者を傷つけないことは「悲」、思いやることは「慈」を捉えているといってもよいでしょう。このような道徳性を伴うことで、はじめて距離をおくこと「捨」は意味をもつといえます。ヘレニズム期の哲学者の一人、エピクロスの幸福論は友情を重んじ、心穏やかでいられるように過ごそうというものです。悪事を働いたり、人と調和をしなければ心穏やかではいられない。エピクロスのいう道徳と結びついた幸福がまさに「喜」なのでしょう。

創発する手助け

マインドフルネスにとって思いやりが不可欠なことがわかりましたが、ここではその思いやりの起源を、赤ちゃんにまでたどってみましょう。赤ちゃんがいろいろなことを身につけるというのは、もともと備わっている機能のスイッチが入るというよりも、赤ちゃんと養育者とのかかわりの中で、文字通り作り上げられるものである、と捉えるべきものです。より基礎的な要素から、その要素を足し合わせただけでないものが生まれます。これを創発といいます。創発されるものが、そのままの形で赤ちゃんの遺伝子に書き込まれている必要はありません。しかし、創発が起こるためには、そのための基盤が必要です。その様子を「手助けをする」という行動を例として見てみましょう。

「手助けをする」という行動を考えてみると、困っている人を見たら助けましょう、という規範があって出てくる行動のように思えます。何らかの行動が起きてくるメカニズムを、掘り下げて知る方法の一つとしてロボットを作ってみるという方法があり、構成的発達科学とも呼ばれます[5]。ロボットには、知らぬ間にプログラムがインストールされていたということがないため、ある行動の成り立ちがそれだけ明瞭になるのです。そのときにやはり、創発という観点が重要です。研究者が自覚して組み込んだプログラムが動作するうちに、新たな行動のパターンが生まれるということです。これによって、人が一生の間に経験するすべての出来事を予測してプログラムしておくといった「神の視点」を前提とせずに、人が育つ様子を理解できるのです。

「手助けをする」という行動を理解する前提として、人の動作がどのように生じるのかを説明しましょう。たとえば、棚の上のコップに手を伸ばすという動作を考えた場合、棚と自分の位置関係や、棚の上でのコップの位置、自分の手の大きさと比べたときのコップの大きさなどはさまざまです。もちろん、前提としてその人の身体の特徴もさまざまですし、体調により身体の動きも変わります。そのすべての場合について、個々の骨や筋肉がどのように、どの程度動けばよいかをあらかじめプログラムとして書くというのは無理があります。

ここで第一章でも紹介した予測的符号化という考え方が役に立つのです。予測符号化とはロボット、ヒト、動物などあらゆる場合に応用可能な考えで、行動するシステムは、常に少し先のことを予測していて、感覚から入力された情報と予測との誤差（ずれ）を小さくするという原理で動いている、というものでした。棚の上のコップに手を伸ばす、という具体的なケースを考えると、脳の中で骨や筋肉の動作をあらかじめプログラムして腕に送るのではなく、まず、棚の上のコップに手が届いているという予測される状態が符号化（コード化ともいう）されます。すると、今見えている腕の状態（感覚情報）と、予測された状態のずれ（誤差）が明らかになります。あとは、そのずれを埋めるように予測や腕の位置を順次変化させればよいわけです。少し腕を伸ばしたときに、まだ手がコップに届いていなければ（誤差が残っていれば）、それを埋めるようにさらに腕を伸ばすか、背伸びをするかして誤差を小さくしていけばよいわけです。誤差を少なくするのは、微調整とでもいえるようなシンプルなプロセスです。腕を伸ばしても、背伸びをしても、どちらでも誤差は小さくなります。繰り返しになりますが、自分の腕の長さや棚の位置によって「棚の上のコップに手を伸ばす」の事例には無数のヴァリエーションが生じるはずです。それでも、棚の上のコップに手が届いている状態という予測と、感覚からの情報をすり合わせるという同じ仕組みで動作が実現します。シンプルな原理で、状況に応じた柔軟性が実現できるのです。

「手助けをする」という行動も、相手がモノではないという違いはありますが、動作であることには変わりありません。たとえば、ある子どもの見ているところで、おばあさんが横断歩道を渡っているとします。その子どもが横断歩道を渡ったことがあれば、その子どもの頭の中では横断歩道を渡り切った状態の予測がコード化されているでしょう。ところが、そのおばあさんは、足が悪いのか歩みはとてもゆっくりです。すると、子どもの中での予測とおばあさんの位置という感覚情報との誤差はなかなか小さくなりません。そこで、その子どもはさっとおばあさんの手を取り、その手を引きます。おばあさんは、横断歩道を渡り切り、子どもの中の誤差は解消されます。つまり、予測との誤差を最小化するということが一番基本にあるのです。そのためにおばあさんが自分で足早に渡っても、その子が手を引いてもこの誤差は最小化されます。言い換えれば、自分が動作をするときと同じ原理で、手助けという行動が生じています。実際にロボットを製作してみると、目の前の人がモノに手を伸ばしても届かないときに、ロボットがそれを取ってくれるということが実証されています[6]。

この例の子どもの場合、まだ困っている人を助けましょうという概念は知らないかもしれません。しかし、実際にはおばあさんの手を引くという行動が創発したことで、感謝の言葉をもらったり、親に褒めてもらったりするでしょう。そのことで、手助けという行動も価値観も育っていくでしょう。

発達早期の人へのまなざし

予測的符号化という動作の基本原理から、手助けが創発されるという研究を紹介しました。予測的符号化は、予測とデータ（感覚情報）とのすり合わせが果てしなく繰り返される過程です。しかし、発達を振り返って、どの時期から特定の予測モデルが出現していたのかを考えることはできます。実際、非常に早くから、人が向社会性をもっていることを示唆する研究があります。

赤ちゃん研究の難しさの一つは、大人のように考えていることを言葉で報告してもらうことが難しい点です。しかし、いろいろな工夫によって赤ちゃんの見ている世界を垣間見ることができるようになってきました。たとえば、胎内で赤ちゃんが動いていることを、お母さんは感じ取ることができます。さらに超音波検査も一般的になり、胎内の赤ちゃんの姿も見えるようになりました。胎内に音が届くことは自然に受け入れられていましたが、近年は胎内にもお腹の肉を通じてある程度光が届くと考えられるようになり、胎児の視覚の研究もされるようになりました。生まれてすぐの赤ちゃんが、顔の形をした視覚刺激のほうを、他の視覚刺激よりもよく見ていることがすでにわかっています。生まれてすぐの赤ちゃんは、目を開けている時間も少なく、ぱっと振り向くように反応をするわけではないため、寝ている赤ちゃんの視界に入る場所の左右に顔とそうでない図形を提示して、相対的にどちらを見ている時間が長いかを、時間をかけて観察した知見です。

これが胎内となると、赤ちゃんがどちらを向いているのかは、超音波検査にて判断します。刺激は、お腹の肉を通じてのため、複雑なものは提示できません。ビンセント・リード（Vincent Reid）らは三つの点からなる光をお母さんのお腹に当てました。[7]「上二つ、下一つ」という顔に近いパターンと、その逆の「上一つ、下二つ」というピラミッド型に提示したところ、胎児は顔に近いパターンを向くことのほうが多いことがわかりました。赤ちゃんは、顔に敏感である、という親子のかかわりの準備をして生まれてくることがわかります。

生まれてきた赤ちゃんは、自分で見たり、聞いたり、嗅いだりして多くのことを学びます。同時に、養育者はさかんに赤ちゃんに声をかけたりします。すでに見たように、赤ちゃんは環境の中にある刺激の中でも、特に顔をよく見ます。奥村優子らは、一二か月の赤ちゃんを対象とした実験で、ヒトとヒト型のロボットから赤ちゃんがどのように学ぶのかを調べました[8]。赤ちゃんの目の前には左右に二つのモノがあります。赤ちゃんは人であってもロボットであっても、その視線の行く先を見ることがわかりました。しかし、視線の先にあったものを覚えたり、好んだりという指標で調べると、ヒトとロボットで違いがあり、ヒトの視線の先にあったものをよりよく見ていることがわかりました。赤ちゃんは、ヒトの視線の先にあるものをよく学ぶことがわかります。さらに、奥村らはロボットでも、「赤ちゃん、こんにちは」と声をかけてからだと、ロボットの視線の先にあるものを学ぶことを見出しました。つまり、赤ちゃんにとっては、人の視線、それも声をかけてくれる人の視線が何よりも優先的に参照すべきものなのです。お腹の中ですでにみられたように、赤ちゃんは顔のパターンへの好みとともに生まれてくる。そして自分に最も近しく、声をかけてくれる両親からいろいろなことを学ぶことがわかります。

大人の道徳判断についての研究では、シナリオなどで提示された行為の善悪を判断してもらったり、道徳判断の基準（道徳基盤）に関する質問項目に答えてもらったりします。赤ちゃんや幼児の研究では、異なったアプローチを用います。カーレイ・ハムリン（Kiley Hamlin）らは、最初は六か月児と一〇か月児、さらには三か月児を対象に、図形を用いたアニメーションを刺激として、他の図形を助けるように動く図形と、邪魔するように動く図形とでは、前者を好むことを見出しました[9]。図形に心を見出すのは、アニミズムという未熟な思考法と思われていたこともありましたが、むしろ赤ちゃんが心に敏感であることを考えると、適応的な意義があるといえます。

さらに、鹿子木康弘らは、やはり図形同士の相互作用のアニメーションを一〇か月児に見せる実験を行い、「攻撃を受けた」図形に、より手を伸ばしてつかむことを見出しました。傷ついた者への関心があることがわかります。[10] 鹿子木康弘らは、やはり図形のアニメーションで、六か月児は「攻撃」をとめた図形に手を伸ばすことが多いことを見出しました。[11] すでに述べた、人への反応性とともに、赤ちゃんは思いやりの芽をもって生まれてくるといえます。これがどのように育つかは、親子の相互作用にかかっているといえるでしょう。

進化論と目的論の出会い

古代のギリシア哲学には、よく生きるための技法が満ち溢れています。古代ギリシアの格言である「汝自身を知れ」は、もっぱら「知る」という部分を強調されて理解されることが多いのですが、フランスの哲学者ミシェル・フーコーは、自己を知ることでどのように行動するのかという実践に力点があることを発掘しました。

古代ギリシアの幸福研究の古典とされるのが、アリストテレスの『ニコマコス倫理学』です。ここでは、幸福は **eudaimonia** と呼ばれます。これは **daimon**（神霊）に祝福されるように生きるという意味です。[12] **Daimon** の祝福を得られるように自己の可能性を実現しようとする考え方です。

アリストテレスの哲学は目的論といわれます。たとえば、草木はより高いところを目指して成長するというように、物事には目指している方向があると考えるのです。一方、デカルトが精神と物質を区分して以降、自然科学では、目的という考え方はあまりみられなくなりました。進化論は適応、つまり生物が環境の要請にうまく対応している事実を、目的論なしで説明しようとした試みといえます。たとえば、高いところの木の芽を食べようとしてキリンが首を伸ばしたのではなく、首の長い個体が木の芽を食べられる機会が多いため、結果的にそのような個体が多くなったというのが進化論の説明です。一見したところ、高いところに届かせよう、という目的を見出したくなるような現象を進化論では説明できるのです。ここでカギになるのが、動物の種類が多いのはもちろん、同じ種の中でも個体差があることが、進化論の前提だということです。実は、人の心理学的な個体差（個人差）であるパーソナリティについても近年、進化論的な理論が登場しています。ここでは、進化論的なパーソナリティ理論から得られる結論が、目的論とも一致することを述べたいと思います。

パーソナリティの心理学は、長い間いろいろな理論が並立していました。十人十色の個性を理解しようとする理論自体が、十人十色とでもいうべき皮肉な状況が続いていました。一方で、一九二〇年代から辞書に記載された人の個性を記述できる単語を収集し分類するという地道なプロジェクトが何世代もの心理学者に引き継がれて進められました。その過程でコンピュータも登場・普及し、大規模なデータを統計的に解析することもできるようになっていきました。その成果として一九八〇年代には人の個性は大別して五つの属性の組み合わせによって表現できるという成果が得られました。この五つの属性（特性）をビッグファイブと呼びます。具体的には、以下の五つです。

・外向性：外界に興味やエネルギーが向く傾向

・神経症傾向：ネガティブな認知や感情が強い傾向
・調和性：他者と穏やかな関係をもつ傾向
・勤勉性：忍耐強く努力をする傾向
・開放性：柔軟で好奇心に富む傾向

興味深いことに、その後も統計的な研究が進んだ結果、五つの特性がさらに、α因子とβ因子という二つに区分されることがわかりました。α因子は調和性、勤勉性と正の関連、神経症傾向とは負の関連を示しました。β因子は外向性と開放性と正の相関を示しました。つまり、α因子は安定性とでもいえるもので、温厚かつまじめで穏やかな傾向であり、βは柔軟性とでもいうべき内容で積極的で柔軟な傾向と解釈できます。

さらに興味深いことに、αとβにも相互に相関があり、この二つの因子をさらに一つの超高次因子「一般パーソナリティ因子（GFP：General factor of personality）」にまとめることも可能なことがわかりました。[13] 多様な個性を説明するためのパーソナリティがすべて一因子であるという結果には、少なからず違和感を覚えるものではないでしょうか。心理学ではこのような場合、調査に協力してくれる人の自分を好ましく見せたいという気持ちが、調査項目全体への回答に影響している可能性も考えます。しかし、自分を好ましく見せたい傾向を同時に測定して統計解析をしても、一般パーソナリティ因子というまとまりが生じることがわかりました。[14] GFPの内容は、情緒的に安定し、積極性と柔軟性を備えているというように、多くの人が健全と考える傾向を捉えています。実際、GFPの傾向が高い人は、情動知能や職業的な成績が高いことがわかりました。[15][16]

パーソナリティの研究は、コンピュータの発展をいち早く取り入れながら、人の個性の記述を統計的に研究するという方法を先導しています。その流れを受けて、精神病理についても統計的な分類が進みました。精神病理の診断は、パーソナリティ研究の歴史と同様に、各々の理論によって違っていました。同じ症状が出ていても、アメリカとヨーロッパで診断が異なるといった状況でした。

およそ二〇〇〇年頃から、パーソナリティと同様に統計的にさまざまな症状を分類してみようという研究が始まりました。パーソナリティの研究では、辞書から特性語を抽出するという方法によって、パーソナリティの全体を捉えるということを行いましたが、精神病理の全体というものを捉えることが難しかったため、研究の進みもやや複雑にはなりました。

しかし、二〇一四年には青年期の人を対象とした二〇年にわたる追跡調査の結果が発表され、多くの精神病理をまとめるp因子というものが見出されました。pは精神病理を意味するpsychopathologyの頭文字です。子どもと両親の症状を幅広く測定すると、子どもでも親でも精神病理がp因子にまとまること、さらに両親それぞれのp因子の得点が高いと、子どものp因子の得点も高いことがわかりました[17]。これは、たとえば親がうつ病だと子どももうつ病になりやすいということではなく、親が何らかの心の問題を抱えていると、子どもも何らかの心の問題を抱えやすいということです。親と子が同じ診断名になるとは限りませんが、何らかの心の問題を抱えやすいことは伝わります。さらに、精神病理とパーソナリティを関連づける研究も登場し、GFPが低いと、p因子は高くなることがわかりました[18]。

これらの研究から、うつ病や摂食障害といった個別的な病理の種類よりも、よく生きることの難しさ（生きづらさ）といったものが、世代間で伝達することが見て取れます。これは、身体医学を模範として、個々の独立した疾患を特定して、研究・治療しようという過去の精神医学の考え方とはやや異なった構図を示しています。むしろ、仏教における一切皆苦といった理解や、無明から出発する十二縁起によって人の心の働きや苦しみを解き明かした考え方に近いものかもしれません。

ここであらためて、この節のタイトルである進化論がどのように関係するかを考えてみます。進化論はそもそも生物の種の多様性を説明することを目的としていました。多様性というときに、同じ種の中でも多様性があります。パーソナリティの研究は、辞書から人の個性を記述できる特性語を分類するところからスタートしたわけですが、別のアプローチとして、動物の種の差を説明する枠組みを、人という同じ種の中の個人差（つまり、パーソナリティ）に応用した研究もあります。

その枠組みは生活史戦略と呼ばれるものです。今、ある生物の種が存在するということは、これまでの長い歴史の中でその遺伝子が存続してきたということです。遺伝子を残すためには大きく二つの戦略があります。一つは個体の生存率を高めることです。より身体が大きかったり、外敵からみずからを守ったりといったことが可能であれば、それだけその個体が生き残る可能性が高まります。その結果、子孫を増やす可能性も向上し、さらにその子孫も生きながらえて遺伝子が残ると考えられます。

もう一つは、個体の生存率はある程度妥協して、子どもの数を増やすという戦略です。魚や昆虫が代表的ですが、多数の卵を産むことで、それらが大人に成長する確率は低いものの、その少数が卵を産み、次の世代に引き継がれます。たとえば、マンボウという海水魚は、一説では産卵数が三億個ともいわれています。その一方で、流線型ですばしこい多くの魚と違って、移動のための機能はほとんど放棄したような巨体で波間に漂う生活をしています。これは、後者の代表といえるでしょう。

前者の個体の生存率を上げる戦略は、通常妊娠期間が長く、子育てにも時間がかかります。それに対して、後者は多数の卵を産む一方で、子育てはあまりしないのが通常です。子育てに時間をかけるものを遅い生活史戦略、産卵数を増やすことに特化したものを早い生活史戦略といいます。マンボウは動きはゆっくりですが、早い生活史戦略の代表です。一方、妊娠、子育て期間の長いヒトは最も遅い生活史戦略といえるわけです。同じ哺乳類の中で比べれば、ネズミは早い生活史戦略といえます。

このような生活史戦略の早さ（あるいは遅さ）をヒトという同じ種類の中での個体差、つまりパーソナリティにまで援用できないかという研究がなされた結果、性的パートナーの多さ、子育ての労力や時間を嫌がること、短期的な利益を優先すること、といったかなり雑多な傾向が統計的に一つの因子にまとまることがわかりました。[19] ここで例に挙げた傾向はいずれもその度合いが高いほど、早い生活史戦略だと判断されます。この因子は**K-factor**と呼ばれ、値が大きいほど遅い生活史戦略を示します。Kは英語の**Capasity**のドイツ語表記である**Kapazität**の頭文字で、環境の資源が潤沢だと遅い生活史戦略が可能になることに由来します。

ＧＦＰと**K-factor**は由来が異なるものの、どちらも人の個性を一因子で説明可能な点が共通しています。あらためて由来を確認すると、ＧＦＰは、人の個性を表現する単語の分類から、**K-factor**は動物の種の間の違いを説明する概念から出てきたものでした。では、この両者にはどのような関連があるのでしょうか。実際に、ＧＦＰの得点が高いほど、**K-factor**の値も高い（遅い生活史戦略である）ことが見出されています。[20][21] また、より早い生活史戦略をとる人ほど、精神病理の症状が多く、攻撃性も高いことがわかりました[22]。

進化論では、環境と生物の特徴がうまく合致して遺伝子が残せている状態を適応と呼びます。一方、心理的適応や社会的適応という場合、対人関係や職業的な遂行が良好である、という意味です。いずれも、その生物種にとっての環境とのマッチングのよさを意味するといってもよいでしょう。ヒトという種にとっては、遅い生活史戦略に示されるように、子育てに時間をかけることや、GFPに示されるように穏やかで、人と調和するという生き方が環境への適応を最大化するものでしょう。ここで、進化論は目的によって説明したくなるような事象を、目的に拠らず説明することが可能なものであったことを思い出してみましょう。よく生きるという目的は、ヒトという種が遺伝子を残すことに成功した形質とも一致するのです。あるいは、そのような人間の種としての性質を洞察できた智慧のある人が、古来より哲学者であったのかもしれません。

終わりのある日常

いのちを見つめるとき、円環というものは重要な意味があるかもしれません。二〇世紀には、より進歩した社会を作るための戦争や革命、独裁で多くのいのちが失われました。二〇世紀後半の先進国は、経済が成長すればもっとよい世界になるという大きな物語を信じて、今を忘れてがむしゃらに突き進みました。ですが、どうやら先延ばしにされた楽園という約束が実現する気配はありません。経済成長には限界があること、そもそも経済の成長が幸福や生活の豊かさとはあまり関連がないことが見えてきました。その一方で、環境破壊や格差などの経済成長のしっぺ返しは確実にやってきます。

一方、大きな物語の終焉に伴って、「終わりなき日常」という感覚が社会を覆うようになりました。社会学者の宮台真司による著書『終わりなき日常を生きろ』は、一九九五年に発行され、私を含めた当時の若者にとってのバイブルともなりました。[23] 一九九五年といえば、「ノストラダムスの大予言」の影響力がまだあり、阪神・淡路大震災や地下鉄サリン事件のような大きな災害、事件が起きた年です。また、アニメ『新世紀エヴァンゲリオン』の放映が始まった年でもあります。『新世紀エヴァンゲリオン』は、アルマゲドンを思わせる「セカンドインパクト」後の世界を描くストーリーの中で、汎用人型決戦兵器に乗って戦う登場人物が、中学校の制服姿でも登場し、思春期に特有の自己意識が描かれているなど、世界の終わりと日常が共存する作品でした。

幸福について、おもしろい目線で研究をするジョルディ・クオイドバッハ（Jordi Quoidbach）という研究者が、二〇一三年にまさに「終わりなき日常」を題材とした研究を *Science* 誌に発表しました。[24] これは幅広い年齢の人に、「一〇年後にどうなっていると思うか」と「一〇年前の自分と比べてどうか」を尋ねたものです。その結果、どの年齢層の人も一〇年後もあまり変わらないだろうと考えていることがわかりました。このような傾向を彼らは、歴史の終焉の錯覚 **"The End of History Illusion"** と呼んでいます。一方、実際の変化を見ると、予想とは裏腹に人は一〇年でかなり変化していました。興味深いことに、価値観については高齢の人では、実際の変化も小さくなっていました。

実際には、人は変化するものである一方、予想の中では「終わりなき日常」を生きているのです。変化を受けとめることも、マインドフルネス瞑想に期待できる効果の一つといえるでしょう。

第三章　育つことと死ぬこと

子育てから看取りまでのマインドフルネス

井上ウィマラ

ブッダと子育て

解脱して悟りを開き、布教を開始してからしばらくしたあとに、ブッダは生まれ故郷のカピラワッツを訪問しました。初期の教団形成がひと段落した頃のことだったと思われます。このとき、ブッダの出自である釈迦族の人たちが出家しましたが、妻のヤショーダラと実子のラーフラも出家しています。その経緯について次のような伝承があります。

ヤショーダラはラーフラに、ブッダを指さしながら「あの人があなたのお父さまですよ。さあ、お父さまのところに行って、『王位を継承するために遺産を継がせてください』とお願いしなさい」と仕向けたそうです。ブッダはラーフラに「それならば、最高の遺産を相続させてあげよう」と言って、ラーフラを出家させてしまいます。ヤショーダラもそのあとについて出家します。二人はそれぞれに修行して解脱の最終段階に到達します。こうしてブッダは家族を出家サンガという修行共同体の中に回収したわけです。血縁の家族関係から一歩を踏み出して、スピリチュアルな家族へと関係性を純化していったのです。

出家したあとのラーフラは、智慧第一のサーリプッタの世話を受けながら定期的にブッダのもとで学び瞑想の修行を深めていったようです。経典にはラーフラにちなんだブッダの教えがまとめられています。その一つに以下のようなものがあります。

「年頃の娘たちが水鏡に映った自分の顔を見て化粧したり髪飾りをつけたりするように、自分の心をよく見て心の汚れを落としなさい」

ラーフラはとても熱心に学び修行したようで、修行の熱心さが第一であるという称号が与えられています。

育てることと四無量心

瞑想指導と経典研究をしていて「こんなところに子育ての要素が絡んでいたのか……」と驚いたのは、『清浄道論（Visuddhi Magga）』という五世紀頃の注釈書の中に、四無量心の近い敵と遠い敵という記述があるのを見つけたときのことでした。[1] 四無量心は、最近よく使われるようになった「コンパッション」という言葉の由来となっている仏教瞑想です。梵住《ぼんじゅう》（Brahma vihāra）とも呼ばれ、「清らかな暮らし方・高貴な生き方」を意味する言葉です。マインドフルネスを極めると、自然にこんな心持ちで生活することができるようになりますよというブッダの教えです。

四無量心は慈悲喜捨という四つの思いやりの姿勢から構成されています。日本語では慈悲という組み合わせで一言になっていますが、もともとは状況に合わせた四つの心の保ち方としてトレーニングされていました。慈（Mettā）は、「生きとし生けるものたちが幸せでありますように」と願い祈る心です。悲（karuṇā）は、「痛みや苦しみが少しでも和らぎますように」と願い祈る心です。喜（muditā）は、その人の喜びや成功や幸福を「本当によかったね」とともに喜ぶ心です。捨（upekkhā）は、その人が人生の浮き沈みを体験しているときに「人生にはいろいろあるけど、大丈夫だよ」と静かに温かく見守る心です。

いずれの場合でも、「無量」という言葉が示唆するように、生きとし生けるすべてのものたちに向けて、差別することなくそれぞれの気持ちを向けていきます。周囲の空間を前後左右上下に区切って、その方向にいるすべての生き物たちに向けて祈る場合もあります。個別に祈る場合には、①自分にとって恩のある人や尊敬する人、②好きな人、③好き嫌いという思い込みをもっていない人、④嫌いな人や敵だと思っている人などに分けて、それぞれの願いや祈りの気持ちを向けていきます。カテゴリーが違うと、心がどんな反応の違いを見せるかも興味深いところです。特に④の嫌いな人や敵だと思っている人に対して思いやりの気持ちを送るのは難しいものです。伝統では、こうした場合にどのように心の向け方を工夫したらよいかに関する詳しい教えが伝えられていて、現代のセラピー的なアプローチによく似たところがあります。

そして、どうしても思いやりの心を向けるのが難しい場合には、同じ思いやりの気持ちを自分自身に向けてみる瞑想をします。伝統的なトレーニングでは、自分自身に思いやりを送るところから始めるのですが、実生活では他人を思いやろうと努力していろいろな困難に出会う中で、自分自身に対しても取り組みをしてみるのが自然な順番なのかもしれません。今でいうセルフ・コンパッションです。

この四つの心の保ち方について、慈は「生まれてきた子どもの幸せを祈る親の気持ち」に、悲は「子どもが熱を出したり怪我をしてしまったときに、少しでも早くよくなるように願う気持ち」に、喜は「世界を探検し始めた子どもがいろいろな体験や発見をするたびに、ともに驚いたり喜んだりしながら寄り添う気持ち」に、捨は「独り立ちして巣立っていった子どもが世間の荒波に揉まれているのを離れたところから見守っている親心」にたとえられています。ネイティブアメリカンには、「赤ちゃんには肌を離すな」、そして「独り立ちをする頃には目の届かないところに行っても心は離すな」という言い伝えがあるそうです。私はこうした教えを知って、マインドフルネスの到達点としての思いやりの教えは、人類の子育ての叡智に共通する根っこがあることを感じ取ることができました。「よちよち歩きを始めたら手を離すな」「友だちと遊ぶようになったら手を放しても目を離すな」

集中型と洞察型のアプローチ

一般的に四無量心の瞑想は集中型のサマタ瞑想に分類されています。心を祈り（の言葉）に集中させていくからです。しかし、私は自分自身の実践体験から、集中型ではない思いやりの瞑想があるように感じていました。それはヴィパッサナー（洞察型）のアプローチで、日常生活の中で揺れ動く気持ちを繰り返し見つめていくと、自然に感情の波が凪いだ状態で相手との関係に心を向けることができ、それが一番楽なように感じていたからです。ここでは「繰り返し」がとても重要になりますが、経典の中ではヴィパッサナーの同意語としてアヌパッサナー（anupassanā：随観）という言葉が使われていることとも一致しています。

そんな思いを抱いていた私の目に留まったのが、四無量心の似て非なる「近い敵」と正反対の「遠い敵」という二つの障害物に関する『清浄道論』の記述でした。そこでは、慈の近い敵として愛欲が、遠い敵として「憎しみや恨みや敵意」が挙げられていました。これは「愛憎相交々する」という親密な関係性の特徴を表現する言葉遣いとも一致しています。私はこれを読んだ瞬間に「これだ！　これがヴィパッサナーによる思いやりへの道のりだ。心理学でいうアンビバレンスの統合こそが仏教でいう中道の本質であることを的確に表現してくれている。先輩たちもこうして心を観察していたんだなあ……」と感激しました。

こうした両極端の間における心の揺れ動きは、子育てや夫婦関係のような親密な関係性、そして看護や介護などのような対人援助の場面では避けて通ることのできないものです。「この子（患者さん）のためだったらいのちをかけても……」と熱い思いが湧き上がってくるときもあれば、「もうこんな人知らない、どうにでもなってしまえばいい……」と切り捨ててしまいたくなってしまうときもあります。それが人間としての自然です。しかし親として、そして対人援助の専門家としては、そうした両極端で行動化してしまうことは思いとどまって、気持ちが落ち着いたところでなすべきことをなすことが求められます。これは親として実感せざるをえないことですし、ケア従事者たちを指導する過程でも、こうした単純なことを理解しておくことの大切さを身にしみて感じてきました。単純であたりまえのことですが、際限なく奥の深いものでもあります。私はこれが中道の本質だと思っています。

さて、『清浄道論』の四無量心の障害物に関する記述を私なりに説明してみると、悲の近い敵は「まあ、それは大変だったわねぇ……」と相手の痛みや苦しみを大げさにして感傷的に物語化してしまうことで痛みに共感することを避けてしまう傾向です。悲の遠い敵は「だから言ったじゃない。私の言うことを聞かなかったからそういう目に合うのよ……」と非難中傷することで痛みに共感することを避けてしまう傾向です。どちらも、相手の痛みに共感することを避けたいがための防衛反応であって、その背後には自分自身の痛みに心を開けないことが潜んでいます。

喜の近い敵は、たとえば子どもがテストでよい点を取ったときに親が褒めてあげるのですが、褒めることを通して「よい点を取ったときにだけ、あなたは私のよい子なのよ」というメッセージを植え込んでしまうような現象です。子どもの喜びを乗っ取って有頂天になってしまい、自己満足のために使ってしまうのです。点数は五〇点でも、子どもにとっては「ここができた！」と思うところがあるはずです。そこを一緒に喜んであげるような気持ちが四無量心における喜です。そのためには、比較して自分のプライドを満たすための物語にしてしまうことなく、子どもの発見や達成の体験を単純に全身で喜ぶような純粋さが必要です。子どもはよちよち歩きを始めた頃に、「ワンワン」「ブーブ」と言いながら満面の笑顔で指さしてくれることがあります。その瞬間を逃さずに「ワンワンだね」「ブーブだね」と言って一緒になって喜べる感覚です。

喜の遠い敵は嫉妬や妬みです。誰かの成功や幸せを見て、ついつい嫉妬してしまい、陰でネガティブな評価をして足を引っ張ってしまうことはよくあることです。大人の社会ではこうした足の引っ張り合いがもとで組織が疲弊して人間関係が崩れてしまうことが常だと言っても過言ではありません。だからこそ、四無量心の喜は、人間関係をうまく回していくための潤滑油として必須の要素なのではないかと思います。

そしてこの嫉妬と妬みはとても根の深いもので、ブッダが苦しみの原因だとした三つの渇愛の一つである「非有への渇愛（**vibhva-taṇhā**）」の原初的な表れであり、フロイトの精神分析における死の欲動に対応するものであり、メラニー・クラインが羨望として考察したものにつながるものです。だからこそ私たちは、夫婦関係や親子関係、兄弟関係の中でしばしば頭をもたげてくる嫉妬や羨望について繰り返して見守っていく必要があるのです。どうすればその嫉妬や羨望を受けとめて手放すことができるのか、人生に希望をもち、思いやりをもつことができるようになるために導いていくことができるのか、お互いの成長の中で一緒に学ばなければならない大きなテーマなのだと思います。

捨の近い敵は対象を受け入れられない「拒絶と否認、無関心」で、遠い敵は手放せない「執着」です。原語の **upekkhā** は、「近くで平等に（**upa**）よく見る（**ikkhā**）」という語源的な意味をもち、**equanimity**（平静さ）と英訳されます。「捨」という漢字や、「平静さ」という語感から無関心さや拒絶などにありがちな冷たさと混同されることが少なくありません。捨の近い敵に特徴的な冷たさは、対象を受け入れることのできない拒絶や無関心さが生み出すものです。

瞑想の落とし穴とマインドフルネスの成熟

瞑想を始めてしばらくすると、なんとなく人生が冷たくなったように感じたり、世界や人々と距離ができてしまったように感じたりして悩む人が少なくありません。これは瞑想することを人生の感情的側面から逃避するための言い訳に使ってしまうために発生する瞑想病の典型です。なぜこうした現象が起こるかというと、集中力には、一つの対象に集中することで、他のものを拒絶して意識の周辺に押しやってしまう力があるからです。

これは集中力がもつ特性の一つで、こうして何かに集中することによって怒りや寂しさのような忘れてしまいたい感情を一時的に抑え込んでしまうことを、伝統的な解釈では「排除的切断」と呼んでいます。これは急場をしのぐためには有効な方法ですが、長い目で見ると残っている根っこからまた問題が芽を出してきますので、根本的な解決にはなりません。これが集中型瞑想の限界です。

解脱と呼ばれるレベルでその問題を根本的に解決するためには、伝統的解釈で「根絶的切断（samuccheda-pahāna）」と呼ばれているような変容が必要になり、ヴィパッサナー（洞察）瞑想がそのための任務を遂行してくれます。(2) マインドフルネスにおける洞察の要素は、来る者は拒まず去る者は追わずの姿勢で、あらゆる感情体験や思考体験をありのままに受けとめて体験し切っていくことによって育まれていきます。そして人生のさまざまな場面におけるこうした繰り返しがこの「捨」の姿勢を培います。

「捨」は人生の喜怒哀楽をありのままに見守る姿勢ですが、そこにはなんとはなしの温かさが感じられます。平静さとは、揺れ動かないことではなく、力動の両極端で振り切れてしまうことでもなく、たとえ行動化してしまって波乗りボードから振り落とされてしまったとしても、すぐにボードに戻り這い上がって、波乗りを体験し続けることによって、そのエネルギーの波が落ち着くまで全身全霊で向かい合いながらそこにいることのできる姿勢のことなのだと思います。これが仏教でいう中道を生きる姿勢です。

マインドフルネスと捨とのこうした関係を指して、経典の中では瞑想実践によって得られる高度な集中状態のことを「捨によってマインドフルネスが清浄になった第四禅定」と呼んでいます。心を込めて人生体験を重ねながら酸いも甘いも噛み分けていくうちに、感情的な両極性が統合されていき、マインドフルネスが清まっていくのです。そしてブッダはこの第四禅定を足場として、レーザービームのように整えられた心を生と死の洞察に向けかえて解脱していったのです。

マインドフルネスと情動調律

小児科医として多くの母子を観察し、精神分析に精通して対象関係論を構築していったドナルド・W・ウィニコットは、「赤ちゃんというものはいない、母親と一組になってのみ存在できるのであるから」ということを言っています。[3] 彼の主著の一つである『情緒発達の精神分析理論』の原題は、*Maturational processes and the facilitating environment* で、「成長における諸過程とその促進的環境」

を意味します。乳幼児が育っていくときに、親がどのようにかかわっていくことが成長を促進するための環境としていられることなのか、その詳しい洞察が語られています。ファシリテーションという言葉が使われるようになって久しいのですが、子育てや教育にかかわりながらファシリテート（促進）するとはどういうことなのかについて学ぶ人・教える人たちにぜひ読んでもらいたい一冊です。

現代の科学的な母子研究の多くは、彼の業績に言及することはなかったとしても、彼のもたらした臨床的な洞察に基づいて研究計画が練られているということは間違いないでしょう。そうした母子の科学的研究をリードしてきたダニエル・N・スターン（Daniel N. Stern：1934-2012）の情動調律（Affect Attunement）という概念は、子育てにおけるマインドフルネスの働きを理解するためにきわめて重要なものです。[4] ウィニコットが、「ほどよい母親」「抱っこ環境」「一人でいられる能力」「ほんとうの自己と偽りの自己」などの概念で説明してくれた養育環境における本質的な心の向け方に関するものであり、ロバート・エムディ（Robert Emde：1935-2021）が情緒的応答性（Emotional Availability）と呼んだものでもあります。[5]

情動調律とは、赤ちゃんが一歳頃から言葉を獲得しながら自己の中核的な部分を形成していく時期において、母親（主たる養育者）がどのように心を向けて世話をしていくか、その仕方がその子にどのような影響を与えていくかについての概念です。赤ちゃんが泣いたり、「あ〜あ、う〜う」と喃語を発しながら身体全体でサインを送ってきたとき、お母さんがまずはその喃語をまねして「あ〜あ、お腹がすいておっぱいがほしいのね」と言葉で確認しながら授乳します。赤ちゃんを世話してニーズを満たしてあげるのです。このように繰り返し心を向けてもらい世話をしてもらう中で、赤ちゃんは自分が体験していることが「空腹であり」、おっぱいはお母さんの一部なのであることを理解していき、この世は自分の成長を守ってくれる安全な世界なのだという基本的安心感を獲得していきます。

ところが、母親の心が自分自身の問題に囚われていて赤ちゃんにしっかりと心を向けてあげる余裕がない場合や、赤ちゃんのニーズを読み違えてしまうことが多すぎる場合には、赤ちゃんは将来の健康の基盤となる安心感を得ることができず、いろいろな生きにくさの原因となるボタンのかけ違いを作り上げてしまうことになります。今では発達トラウマと呼ばれるような問題を含めて、マイケル・バリント(Michael Balint：1896-1970)が基底欠損(Basic Fault)と呼んだ生きにくさの原因でもあります[6]。

マインドフルネスと進化の歴史

こうした出来事は言葉を獲得する以前の体験ですので、成人した私たちには思い出すことができません。なんだかよくわからないのだけど、「○○な状況になると、どうしても××な反応をしてしまう……」という感じです。マインドフルネスという言葉の原語である sati が、思い出すことを意味する動詞 sarati の名詞形であったことを思い出してみましょう。フロイトは「反復強迫(Repetition Compulsion)」という言葉によって、私たちは言葉で思い出すことができない記憶を無意識的な行為によって反復してしまうことを説明しています。おそらく私たちはあらゆる行為の中で、それとは気づかずに何かの記憶を思い出しながら行動しているのです。自分がどんな記憶に支配されて行動してしまっているのかに気づけない状態は、ブッダが無明（avijjā）と呼んだ状態に近いと思います。

ブッダが瞑想戦略としてマインドフルネスという言葉を選んだ背景には、ありのままに繰り返し見つめる中で獲得されていく明知（vijjā）が、無明の闇を破ることによって（つまり今ここの自分が何を思い出しながらどのように行動しようとしているのかに気づくことによって）、苦しみの再生産という閉鎖回路から脱出していくことができることに気づいていたからだったのではないかと思います。

こうしてみると、子育ての領域には、マインドフルネスを実践するための豊かな時間と空間が広がっていることが理解されてくるのではないかと思います。同時にそれは、マインドフルネスの歴史が哺乳類の進化と子育てに大きくかかわっていることを示唆しているような気がしています。私たちは育てることを通して多くのことを学び、ともに育つことができるのです。

マインドフルネスと死ぬこと

マインドフルネスを含めて、ブッダの説いた瞑想法の究極的な目標は、いつどのような仕方で死んだとしても、「輪廻」と呼ばれている生と死の再生産の輪に絡め取られないような自由を獲得していくことでした。換言すれば、マインドフルネスはいつどこでどのように死んでも大丈夫だと思えるようになる死に方の練習だということもできるのではないかと思います。自分自身にとっては一瞬一瞬の生の中に死を含み込んで生き抜いていくための訓練になりますし、他者との関係性の中では看取り方の学びにもなります。

このことを端的に表現してくれている経典の文章を紹介しましょう。序章でも紹介した『念処経』の法の観察（dhamma-anupassanā）の章の冒頭に配置された、五つの障害（nīvaraṇa：心を曇らせる働き）の観察です。ここでは貪欲、怒り、眠気と不活発性、浮つきと後悔、疑いの五つが心を曇らせるものとして観察対象に挙げられています。それでは、ブッダはマインドフルネスで怒りをどのように観察するように教えたのか見てみましょう。

あるいはまた、みずからの内に怒りがあるならば「私の内に怒りがある」と遍く知ります。あるいはまた、みずからの内に怒りがないならば「私の内に怒りがない」と遍く知ります。また、未だ生じていない怒りがどのようにして発生してくるかを遍く知り、生じてきた怒りがどのようにして捨て去られるかを遍く知り、捨て去られた怒りがどのようにして将来再生してこないようになるのかを遍く知ります。（文献7より筆者訳）

遍く知る（pajānāti）という言葉の語根√jñaは、無明を破る明知（vijjā）にも共通する語根であり、接頭辞のpaは「普く・さまざまな側面から」というニュアンスを表現しています。そしてこうした洞察智が生じるときには「光（āloka）」が発生するという定型的な表現もあります。

ここでは、怒りの感情が善いか悪いかという価値判断はさておいて、その感情が自分の中にあるかないかを確認する作業から始められていることに注目しましょう。その裏を読むと、「怒りは悪いものだから、押さえつけてしまわなければ……」という思いがあるのであれば、そのことに気づくことが重要なトレーニングになりうるのです。感情に対する自分の無意識的な姿勢に気づくということです。

次に、怒りがどのように発生してくるのかのプロセスを遍く知ることが説かれています。何を見て怒りの気持ちが湧き上がってきたのか、何を聞いたり思ったり考えたり思い出したりして怒りが生じてきたのか、トリガーとなった刺激が眼耳鼻舌身意の六根と呼ばれる感覚器官のどのゲートから入ってきたのかについて詳細に見ていくのです。「六根清浄」という言葉は、このようにして心を曇らせる感情状態がどのようにして発生してくるのかをありのままに見つめていく観察法から派生してきた仏教用語ではないかと思われます。

さて最後の「捨て去られた怒りがどのようにして将来再生してこないようになるのかを遍く知ります」という教えからは、ある仕方で怒りを捨て去ると再生してくることがあるということが読み取れます。これは直前の「生じてきた怒りがどのようにして捨て去られるかを遍く知り」に深くかかわることです。怒りはとても取り扱いの難しい感情ですので、私たちはついつい無視したり、抑え込んだりしてしまうような仕方で怒りを何とかなきものにしておこうとする傾向があります。集中力のおかげである程度は抑え込んでおくことができたとしても、認められず、受けとめられずに抑圧された怒りは幽霊のようになって再発の機会を狙うようになります。私たちの人生が輪廻転生するかどうかについては無理して信じる必要もないのですが、日常の心の中での怒りという感情が繰り返し再発して小さな輪廻転生を繰り返していることは、夫婦喧嘩や親子喧嘩、それに保育園などでの子どもたちのやり取りを観察していると疑いのないものだと思えてくるのではないでしょうか。

雑念劇場

瞑想指導をしていて一番難しいと思うことの一つに、雑念に対する取り扱い方を自覚してもらうことがあります。特に「瞑想をして心が無になりました……」とか、「マインドフルネスですっきりとしました……」などの感想を得意げに話してくださるつわものたちが難敵になります。そこで、自分の心に浮かんでくるものに対して自分はどう対応しているのかについて自覚してもらえるように雑念劇場というエクササイズを作ってみました。

二人一組になって、一人が瞑想者役、もう一人が雑念役になります。瞑想者役の人は、自分が雑念に対してどのような態度をとっているか振り返ってみて、雑念役の人にその概要を伝えます。雑念役の人は、その話をよく聞いて、その人の雑念を演じながら瞑想している人に対して即興的に働きかけます。瞑想している人は、その雑念に対して、いつも自分がしているような反応を演じてみます。しばらく即興劇を楽しんで一区切りしたら、役割を交代してみます。先ほどまで雑念を演じた人は、自分がどのように対応されたかを思い出しながら、今度は瞑想者として、働きかけてくる雑念に対して自分がされたような対応を意識的にしてみます。先ほどまで瞑想者だった人は、今度は自分が雑念を演じてみて、自分がやっているような態度で対応されたら雑念はどう感じるかについて探求してみます。ここまで終わったら、今度は瞑想者役と雑念役を入れ替えて同じようにロール・スイッチをしながら即興劇を楽しんでみます。そして最後に感想を分かち合ってみます。

雑念が自然に死んでゆけるように

こうして普段は無意識になっている「雑念にどう対応しているか」という心の癖を、身体動作として体感しながら他者と交流してみることによって、日常意識のレベルで自覚化することが可能になってきます。そこでわかってくることは、雑念に対する無意識的な対応パターンの多くは、両親の価値観を知らないうちに受け継いでしまっていることが多いということです。フロイトはこれを超自我と呼びました。マインドフルネス瞑想が軌道に乗るためには、この超自我を自覚化して、雑念をありのままに受けとめるということがどういうことかを体感していくことが必要です。するとその雑念は、邪魔者というよりは、自分の隠しておいたはずの本心のありかを教えてくれるSOSのサインであるかもしれないということに気づき始めます。同時にそれは、雑念が自分を認めてもらい、頑張って伝えようとしていたメッセージを受け取ってもらったという満足感によって、自然に、再生することなく、死滅してゆけるようになるということでもあります。私は、これを雑念の看取りだと思っています。あるいは雑念の成仏法と呼んでもよいかもしれません。

父の看取りから学んだこと

大学でスピリチュアルケアの研究と実践にかかわってきてよかったと思ったことは、父の看取りがごく自然にできたことと、それが父からの最後の大きな贈り物だったということを深く実感できたことでした。父と「どんなふうにして死んでゆきたいか」について話し合ったのは、実際の死の数年前のことでした。なんとなく体力が落ちてきたことを感じたので思い切って質問してみたのです。父の答えはいたって簡単でした。「できるだけ自然に逝きたいなぁ……」。

親戚には一〇四歳で自然に大往生したおばあちゃんがいて、私たちは直前のお見舞いなどを通して、それがどんなものなのかをよく知っていました。そしてまた、病院で治療してもらいながら亡くなった叔父は、家に帰ってきた遺体がパンパンに膨れていて体液が漏れ出し、病院で再処置をしてもらう必要があったことも知っていましたので、父の答えはよくわかるものでした。

父は高血圧の薬を飲んでいたので、食べられなくなるということは薬が飲めなくなるということでもあり、食べられなくなった直後の三日間は血圧が乱高下して、そのまま逝ってしまってもおかしくはない状態でした。しかし、四日目になると血圧は一三五で一定して、サチュレーションも回復し、手足がぽかぽかと温かい状態で最期の一〇日間ほどを過ごすことができました。

断食と光の体験から

そのとき、私は自分自身の断食体験を思い出し、父は高血圧の薬からの離脱症状を通過して、光の世界を飛び始めたのだろうと確信しました。私が断食を体験したのは、吉本伊信先生（1916-1988）の内観道場で先生が亡くなる三年ほど前、直接指導を受けながら内観を修行させていただき、その直後にボランティアとして配膳などのお世話をさせていただいたときのことでした。最初の三日間は飢えと渇きでトイレの水でも飲みたいくらいでしたが、四日目に入ると飢えと渇きは落ち着いて世界が光輝いて見え始めました。

私は禅宗時代にも座禅中に神秘的なイメージ体験をしたことがありました。銀色の蛇が絡まり合いながら背骨のあたりを上に登っていき、頭上で大木となって枝葉を広げ、落ちていく葉っぱが言の葉になって大地に積もっていくというものでした。先輩たちから魔境だといって注意を受けたこともありましたので、内観道場での光の体験にも「こんな世界もあるんだなぁ……」と落ち着いて対応することができ、緩やかに断食を解いていくことができました。

こうした神秘体験はそれ自体で善悪を論じることはできないものですが、父の看取りにあたっては、こうした体験をしていたおかげで落ち着いて父の最期の場面に寄り添うことができたと思っています。そのことを一番象徴的に味わわせてくれたのが、食べられなくなって状況が落ち着いてからの最期の時間における口腔ケアをしたときのことでした。

訪問看護師さんから、蜂蜜を水で薄めたものを脱脂綿に浸して口の中の掃除をするとよいと教えていただきましたので、私はガーゼにしみこませて指で父の口の中を潤しながらきれいにさせてもらいました。看護師さんは「噛まれますから、棒の先にスポンジがついたのでやるといいですよ」とアドバイスしてくれたのですが、私は「これまでさんざんすねをかじらせてもらってきたので、最後くらい親父に指を噛まれてもいいですよ」と笑いながら答えて口腔ケアをしました。でも、父は一回も噛みませんでした。状況がよくわかっているような感じで、しっかりと口を開けて協力してくれているようでした。そのとき私は、「光の世界を飛んでいる父を追いかけて、私も飛びながら空中給油している」、そんなイメージを膨らませながら貴重なひとときを過ごすことができました（写真1）。

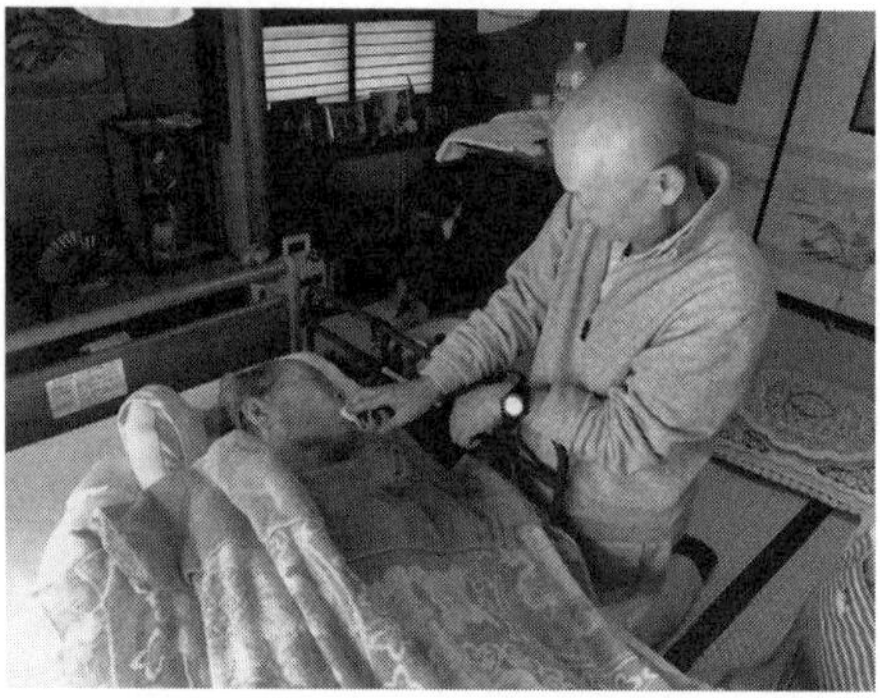

写真１

臨終心路の分析

私たちの世界は、生命現象を含めて、多くの生滅によって支えられています。仏教でいう無常です。その滅を死だとすると、その死には私個人の死というレベルと、臓器や細胞の死というレベルと、原子・分子を作り出している素粒子の世界の迅速な生滅における死という三つのレベルに大別できるのではないかと思います。それらを図示したものが図２です。

臓器移植や脳死の議論ができるのは、人間個人のレベルと細胞や臓器のレベルに階層的な差（飛躍）があるからです。同様な飛躍が原子・分子から細胞が生まれるところにあります。そして一番底辺になっている素粒子の生滅の世界における量子の絡み合い（**entanglement**）や非局在性（**non-locality**）という性質は、階層性を超えて、私たちの感情的な生活におけるアンビバレンスという局在性（両極性）に影響を与えているのではないでしょうか。量子の世界における非局在的なつながりの顕現は、私たちの生きる世界における感情的な統合の縁となってい

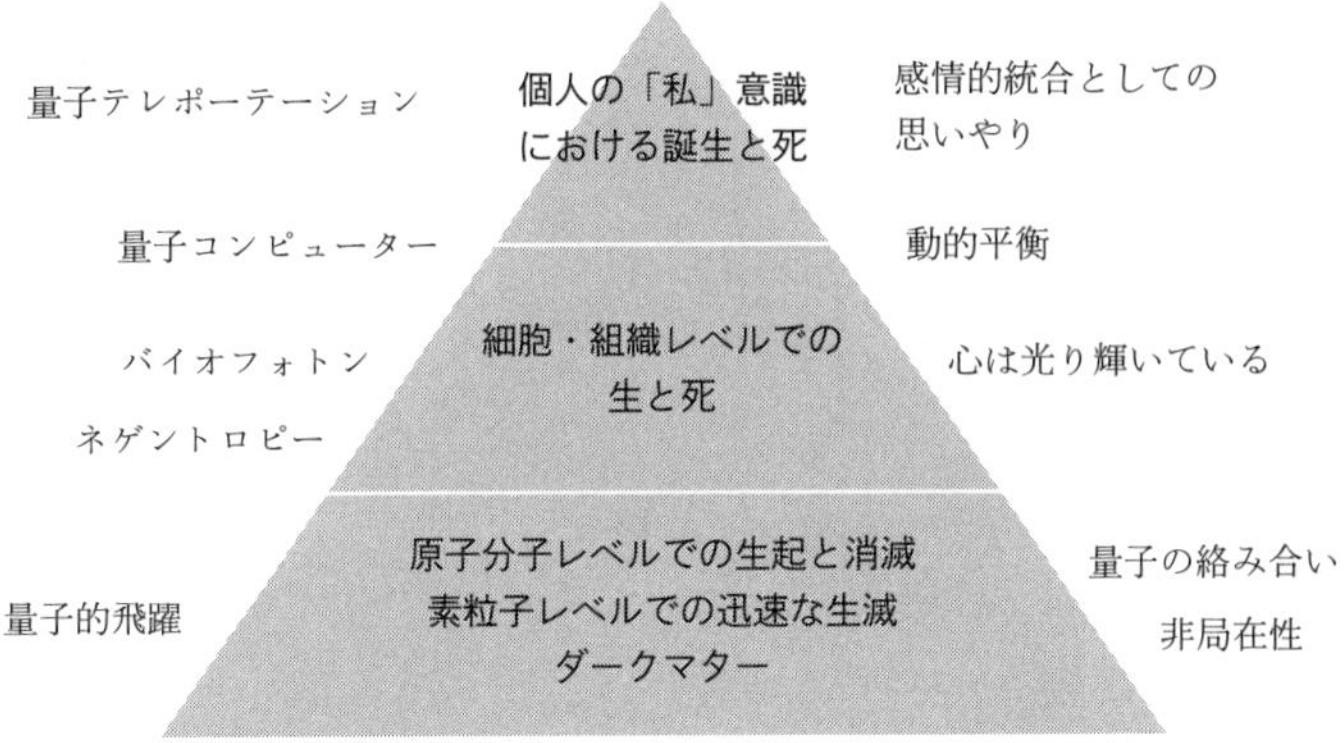

図２　生命の階層性とそれを支える死

るのではないかと感じています。

さて、こうした構造に支えられた個人の死に際して、私たちの意識では何がどのように体験されるのかについて、瞑想心理学の伝統であるアビダンマでは死の直前における意識の路（臨終心路）について分析がなされています。そこでは、今回の人生における最も強い力をもつ業（kamma）、その業を象徴するイメージ（kamma-nimitta）、次の生涯を象徴するイメージ（gati-nimitta）という三つのうちのいずれかが浮かんでくるといわれています。そして、その浮かんできたイメージに巻き込まれてしまうと、それが現実として起こっているように思い込んでしまい、その思い込みによってエネルギーが次の世界の誕生へと転送されてしまうことになります。

こうした知見は、臨終時における丁寧なケアと詳細な観察力に基づいたものです。同様な瞑想による洞察力は、人間の発生過程においても実践されており、受精卵が桑の実のようにブクブクと分裂して膨れ上がり、そこに一筋の溝ができて、そこから心臓や眼などの器官が発生してくるという記述が残されています。現代人が顕微鏡などの科学的技術によって発見してきた発生過程についての知見に合致する驚くべき洞察力です。現代科学では観察のための外的な技術を開発してきたおかげで、その知見を再生医療や遺伝子操作などの形で利用することが可能になっています。古の修行者たちはみずからの洞察力で観察しただけで、それを外的な物質的力に変えていくことはしなかったのです。

マインドフルネスの実践現場としての相互ケア

臨終心路の発見をもたらしたようなマインドフルネスの臨床実践は、出家修行者同士の相互看病をはじめとするケアの実践にありました。出家修行者が常に反省することを求められた一〇項目の最後の項目に以下のような内容が残されています。

「私には特別な聖なる智見と呼ばれる超人法が獲得されているだろうか。最期のときに修行仲間から問われて恥ずかしい思いをすることのないようにしよう」と、出家修行者はしばしば反省すべきである。(文献8より筆者訳)

「聖なる智見と呼ばれる超人法」とは、できれば解脱の智慧、もしそれが得られないとしたら最低でも禅定と呼ばれる高度な集中力のことを指すと解説されています。一切の生産活動に携わらず、他者からの施しで生きていく寄生虫的生活をさせていただいているのですから、それにふさわしい成果を上げることができているかどうかを常に反省しなさいということです。出家修行とは、このような思いのうえで、一般の人たちがやりたいと思ってもできない聖なる探求に生活のすべてを集中するためのライフスタイルだったのです。

見方を変えてみると、社会が成熟して豊かになったことによる余剰の使い方として、聖なる探求の道にいのちを捧げる人たちの存在を支えることが可能な時代になったということかもしれません。歴史的にブッダが登場した意味は、こうした聖職者階級の生き方と探求目標に大きな改革をもたらしたことといえます。ブッダはマインドフルネスの教えを残すためのアジールとして、サンガ（sangha）と呼ばれる出家のライフスタイルを設計しました。私たち現代人は、資本主義によって地球から収奪の限りを尽くしみずからの存続を危うくするほどに環境を破壊し続けています。ブッダが残したライフスタイルは、地球に寄生しなければ生きていけないみずからの生態学的な宿命を自覚して、少しでも長くよりよく共存していく道を探し出すための指針にもなりうるのではないかと思います。

涅槃と不死

存在の（輪廻転生する）苦しみから解放された状態は涅槃（nibbāna）と呼ばれます。煩悩が燃え盛る苦しみの炎が消えた、安らかで涼しい状態という意味です。この涅槃の同意語として不死（amata）という言葉が使われることがあります。死は、私たちが最も恐れるものですが、解脱して涅槃を体験することによって、死を恐れることのない境地に至ることを指す言葉です。それは私たちが死ななくなるという意味ではなく、私たちの自我のありようを洞察することによって、なぜ死を恐れるのかという理由がわかり、いつ死んでも大丈夫だという安心《あんじん》を得ることができるからです。

不死に対応する現代的なアプローチとして、精神科医のロバート・リフトン（Robert Lifton：1926-）が提唱している象徴的不死性（symbolic immortality）があります。[9] リフトンは、象徴的不死性は基本的安心感に近いものだとして、そこに至るための五つの様式を提唱しています。

①自分のいのちが子や孫たちに受け継がれていくことを感じられるようになること
②死後の世界観を獲得し、死を受容し超越して高次元に解放されるイメージがもてること
③自分の仕事や業績が他者や社会に受け継がれていくイメージがもてること
④自分が自然の一部であり、自然の中に溶け込んで存在し続けていくイメージ
⑤エクスタシーの中で時と死を超越して生まれ変わる体験をする

私たちはこうした体験を通して、存在の連続性やいのちのつながりを感じることができて、その安心の中で死を生の一部として受けとめることができるようになるのです。リフトンが基本的安心感に通じるところがあるといったのは、「どんなことがあっても大丈夫だ」という感覚の中に万能感の残響のような感触があるからなのだと思います。

このひと息に生と死を見守る

マインドフルネスの中で不死を体験するためには、ありのままの呼吸を深く見つめていくことが必

要になります。私たちの呼吸は一回一回その長さも深さも微妙に違っています。鼻のあたりで感じる吐く息の流れは終息していても、胸のあたりやお腹のあたりで微妙な筋肉の動きを感じることができます。その動きを最後まで追っていくと、最後には息が苦しくなります。そうです、苦しいから私たちは息を吸うのです。

こうしてひと息ひと息を深く見つめていくと、あるときこの呼吸はいつ止まってもおかしくはないということに気づく瞬間がやってきます。あまりにもあたりまえのことですが、このひと息を吐き終わったあと、吸う息が起こってきてくれるかどうかの保証はどこにもないのです。私たちはこの真実を忘れていられるからこそ、毎日を安心して生きていられるのです。これが日常を安心して生きるために必要な錯覚です。そして、この錯覚を脱して、このひと息はいつ止まってしまってもおかしくはないという真実に直面する体験は、人によっては体中から冷や汗の吹き出すような体験になりますし、自分をしっかりと支えてくれていた大地が一瞬のうちに崩れ去ってしまうような恐怖の体験にもなりえます。これらは、突然にがんの告知を受けたのと似たようなショック体験です。

これまでの錯覚による安心感が一瞬のうちに消え去ってしまうのは、ある種の喪失体験です。目覚めに向けた脱錯覚に伴う喪失体験を支えてくれるのは、それまでの瞑想で体験してきた喜び（pīti：歓喜）という生きる力です。こうして呼吸の観察を通していのちの真理を受けとめることのできたとき、不思議なことなのですが、今ここにこのひと息が生じてきてくれることにそこはかとない感謝の気持ちが湧き上がってきます。それまでは自分の持ち物だと思い込んでいたこの身体が、自然からの預かりものだったことに気づくような感触です。謙虚な気持ちでセルフケアができるようになり、終末期の患者さんに落ち着いて接することができるようになっていきます。

死を見つめて生を充実させるマインドフルネス

このような道のりを経て瞑想修行が熟してくると、死を思うことによって今ここに生かされていることに感謝の気持ちが湧いて生が充実してくるようになります。人間は、母親のお腹の中で死んでしまうこともありますし、生まれ出てきてすぐに死ぬこともあります。今ほど医療が充実していなかった時代には、赤ちゃんが成長していくことは容易なことではありませんでした。成長して事故にあって死ぬこともあれば、病気で死ぬこともあり、場合によっては自殺してしまうこともあり、運がよければ天寿を全うして大往生していくこともあります。いつどこでどのように死んでゆくかは誰にもわかりませんが、いつか死んでゆくことはたしかです。このようにして死を思うことによって今ここの生を充実させていく瞑想は **Maraṇa-sati**（死念）と呼ばれ、熟練した修行者が好んで実践していたようです。これは中世のペストの大流行のあとに実践されるようになったというキリスト教のメメント・モリに相当するものです。新型コロナウイルスのパンデミックを生きている私たちにとって、あらためて掘り起こす価値のある仏教瞑想の実践ではないかと思います。

第四章

自己と他者

第四章　自己と他者

自己を丁寧に相対化する

杉浦義典

心理学や脳科学の研究が進む中で、私たちが自己だと思っているものは幻想である、という意見も聞かれるようになりました。あくまで「意見」と呼んだのは、研究知見と関連づいてはいるものの、一定の意図をもったメッセージだと考えられるためです。

ここで関連づいている研究知見は、たとえば自由意志に関するものです。まず、何かを意識的に認識するというのは非常に複雑な過程ですので、それが成立するには時間がかかります。プロ野球を例に挙げると、時速一〇〇キロを超えるスピードで飛んでくるボールをバットで打つというのは文字通り一瞬です。ボールの軌跡を意識的に捉え、分析し、バットを振る向きについてよく考えて意志決定をするという時間は明らかにありません（興味深いのは、『鬼滅の刃』における全集中の呼吸によって実現する「透き通る世界」では、剣士たちみずからの、そして鬼たちの一瞬の動きまでもが意識される点です。が、ここではそのようなケースではない場面で考えてみます）。一流の選手ほど、試合後のインタビューでその日のプレーについて尋ねられた答えが、わかるようなわからないような、ということがよくあります。自分が意図して行動が生じるという常識と、実際には意識に上る前にバットを振っていたことと、辻褄を合わせようとしてそうなってしまうのかもしれません。プロスポーツほどでなくても、何かをするという意志が生じたことが意識される前に、行動の準備が始まっていることを示す研究はさまざまあります。たしかに、自由意志は人の行動の必要十分条件ではないのです。

一方で、自己意識という言葉は日常会話の中でも、心理学の中でも、適応的なものとは捉えられていません。自己への執着が苦しみのもとになるのであれば、それから自由になるために、私たちが思っている自己というものに揺さぶりをかけてみよう、と考えるのはたしかに理解できるアプローチです。そこで、どのように揺さぶりをかけるのかが問題になります。マインドフルネス瞑想や認知行動療法などの心理療法でも生じるとされる脱中心化は、自分の視点以外からものを見てみることであり、自己への執着から自由になろうとするやり方の一つです。「自己というものは幻想である」という意見も、たしかにその方向に沿ったものと考えられます。

しかし、脱中心化などと比べてみると、「自己というものは幻想である」という意見には、少なくとも私はあまり魅力を感じないのです。一つは、誤った思い込みといったような否定的なニュアンスが漂うからです。もう一つは、意志、運動、意識などが生じてくる時間的な過程を実験的に分析するときのきめ細さと、自己のような複雑な現象を「幻想である」の一言で済ませてしまうときの投げやりさのアンバランスを感じるからです。スマートフォンを用いて一日に何度もデータを得る研究によって、人は起きている時間の約半分は、目の前にあることとは違うことを考えていることがわかっています。言い換えれば、幻想も含むファンタジーが人の心的な生活のかなり大きな部分を占めるのです。であればこそ、幻想の成り立ちも丁寧に扱ってほしいと思うのです。自己への執着から自由になろうという目的であれば、その幻想がどのように立ち上がり、なぜそれに人は惹かれるかという詳細な分析から得られるものがあるでしょう。

認知心理学は、人間を情報処理システムと捉えます。目に光、耳に空気の振動が伝わると、まず感覚が生じます。光が物体として見え、空気振動が音となる過程を知覚といいます。今度はそれらが、リンゴ、サイレンのように言葉で命名されたり、美味なもの、危険を知らせるものというように意味づけが与えられます。認知心理学は、このように入力された情報が少しずつ複雑な処理を受けるプロセスをコンピュータになぞらえて捉えています。現代的なテクノロジーの用語が、体験を観察する役に立っているのです。

一方、紀元前に成立したアビダンマと呼ばれる仏教の理論的な分析の中では、瞑想による観察によって、認知心理学と同様の心のプロセスが明らかにされています。人の心のいろいろな働きや、それに対する執着が生じてくるさまを詳細に分析しています。その内容は、現代の心理学から見ても遜色のないものです。観察を続けることも、情報処理のような理論を用いることも、いずれも心の働きに気づくのを助けるのです。このような気づきは、いわれてみると簡単に見えるかもしれませんが、非常に短時間に生じるプロセスです。それを高い時間解像度で捉えるには、観察を続けるか、理論やテクノロジーの助けを借りることが有用です。

いや、時間的にむしろ逆で、現代の心理学がようやくアビダンマの分析に届きつつあるといったほうがよいでしょう。自己を幻想という「裏庭」に放り込むのではなく、細かく成り立ちを見つめることで、そこから距離がおけるようになる。投げやりな態度というのは、実は拒否するという形での執着ともいってよいのです。自己にしがみつくのでも、放り出すのでもない。これはまさに中道といえるでしょう。ここでは、心理学や西洋の思想をもとに、もう少し中道を進んでみましょう。

自由意志

必ずしも意志が行動に先行するわけではない。これには上述のように研究知見があります。それでも「人には自由意志がない」と言われてしまうと奇妙に感じる理由の一つは、意志のみが行動の原因でないのであれば、意志は存在しない、という判断の飛躍がある点ではないでしょうか。たしかに、西洋の思想の伝統では、世界のすべてを作った創造主という究極かつ唯一の原因を考えることが長く主流でした。そのような創造主が、原因や主体といったもののプロトタイプといってよいでしょう。すると、しばしば神の似姿といわれる人の行動にとっては、自由意志という原因があるならば、それがすべての行動の唯一で究極の原因であるという前提が（暗黙にであれ）あるでしょう。

一方、仏教の因縁生起の考えでは、それぞれの事象が、また別の多くの事象に条件づけられていると考えます。その事象の中には、認知や気分といった心の働きも外界の事象と同列に含まれています。自由意志がすべての究極原因とはもちろん考えませんが、ゆえに自由意志は存在しないというのでもない。それも含めてさまざまな事象が織物のように、クモの糸のようにつながっているのです。特に、仏教の因縁生起の考えでは、連なる事象として人の行動を重視します。行いによって、次の事象（行い）が影響を受けて、という連鎖が続きます。人は生まれや、ヴェーダ聖典を暗記しているかでなく、行いによってバラモンになる、という原始仏典に繰り返し出てくる表現の言わんとすることです。

原始仏教でいう縁起の系列の一番最初には、無明がおかれています。実は、影響し合う事象の系列という考え方は、西洋哲学にもみられます。バールーフ・デ・スピノザ（Baruch de Spinoza：1632-1677）は幸福について論じた『エチカ』の中で、意志という考えを否定します。その論拠は、意志は何かを求めていることであり、つまり何かが不足していることを意味します。これは、存在そのものである完全な神には当てはまらないはずです。スピノザは神＝存在＝世界＝完全性という図式で考えます。人間の精神は、神＝存在を原因とし、それを把握できるときに至福であると考えます。神＝存在に意志（欠けたものへの志向）がない以上、それを把握できる精神にも意志を考えるのは不自然です。この一元論は、偶然性をまったく認めないように見えますが、そこがスピノザの独自のところで、神の存在は必然なのですが、同時に変状（様態）というさまざまな現れ方があり、それは存在の本質ではないため、他のさまざまなものの影響を受けて、それがまた別のものに影響し、という系列を作ります。その部分は、縁起の考え方と非常に似ています。神を前提としつつ、事象の系列を考え、自由意志という考えからも自由になるという非常にユニークな思想です。そのスピノザの考えを引き継ぎ、物事が生成されるメカニズムとして音楽を重視したのが哲学者のジル・ドゥルーズ（Gilles Deleuze：1925-1995）です。

創発する心

仏教の因縁生起の原語は、プラティートゥヤ・サムウトゥパーダです。サムは「集まって」を意味し、ウトゥパーダは「起きること」を意味します。先行となる事象によって（プラティートゥヤ）、集まって起きるというのは、現代的にいえば、相互に条件づけ合う事象のネットワークから、何かが創発することを意味しているといってもよいでしょう。創発というのは、要素的な過程から、それらの足し算以上の複雑なものが生じてくることをいいます（第三章「創発する手助け」参照）。事象同士が条件づけ合っているさまは、しばしば神と呼ばれるような、すべての根本原因とでもいうような大それたものがあるという考え方ではありません。しかし、個々の事象が連なる平板な状態というわけでもなく、そこから自己のような複雑なものが立ち上がることは十分考えられるのです。自己を実体と捉え、そこに執着するのではない。さりとて、それを存在しないと否定するのではなく、その成り立ちをつぶさに眺めるというときに、創発という観点はとても有用です。

第三章で紹介したように、子どもが育つという過程は、創発の連続です。子どもが発達する様子は、驚異的です。きっと神様がそのように子どもを作ったに違いないと思いたくなります。赤ちゃんの成長や、生物の進化を見るにつけ、きっと創造主がいるに違いないと考えることをインテリジェントデザイン説といいます。生命や自然の偉大さに触れて生じる畏敬の念としてはとても共感できるものです。一方で、科学研究は神様を持ち出さずに説明することを試みます。

創発する感情

自己は少なくとも、言葉あるいは物語で表現できるような側面と、より身体感覚に即したレベルに分けて考えることができます[1]。どちらがより重要かではなく、それぞれにはそれぞれの成り立ちがあり、お互いに影響し合っています。身体感覚に即した自己のほうが、早くに形成されると考えられていますが、言葉にできる部分のほうが研究としても扱いやすいことから、研究は早くから進みました。心理療法も対話を中心に行われ、不安や抑うつなどの感情にも効果が得られています。一方、マインドフルネス瞑想は、言葉のみによる治療の限界を感じたことで、認知療法の中に導入されたという経緯があります。それが、マインドフルネス認知療法というわけです。

パーソナリティの仕組みを考えるときも、言葉で自覚的に表現されるような「物語的」とでもいえるような部分と、より生物学的なハードウェアに近い層を区分して考えることが有益です。双生児を対象とした研究から、パーソナリティはかなりの部分、遺伝的に規定されていることがわかっています。しかし、遺伝子の本体であるDNAはたんぱく質の設計図です。あくまでハードウェアの、それもパーツの情報が含まれているのです。一方、言葉で表現できるような意味でのパーソナリティには、態度や価値観が含まれますが、いったいそれらはどのようにDNAからつながってくるのでしょうか。そのように立ち上がる過程を知ることや観察することで、自己というものを否定するだけではない見方はとても深まるはずです。

はじめから自己という全体を考えてその創発を検討しようとすると、なかなか難しくなるので、ここでは感情という自己にとって重要な現象について、創発という観点から考えてみましょう。感情というものは高速に生じる現象です。感情はいろいろ考える間もなく生じることも多いものです。感情には、怒りや恐怖など明確な種類に分けられるものもあります。このようにたしかな実体のように感じられる部分があるのですが、これも実は身体の感覚を軸に創発してくるものだという考え方が近年注目を集めています。

リサ・フェルドマン・バレットの構成主義的情動理論では、感情が怒り、悲しみといった種類別に経験されるのは、カテゴリー化の働きによると考えます。人の脳は、外界からの情報のみでなく、身体の中の多くの情報をモニターしています。それは生命維持のために必要なことです。これを内受容感覚といいます。内受容感覚というのは、視覚・聴覚・味覚・嗅覚・触覚という五感には入っていません。五感は人間にとっての情報源の例であり、すべてを尽くしているわけではないのです。

感覚が一般に五感と呼ばれることから逆に照らし出されるように、人はモニターされたあらゆる情報をそれとして意識できるわけではありません。内受容感覚として受け取った情報も、コア・アフェクトという快−不快、興奮した−弛緩したという二つの次元で表現できるような気分として体験されているとされます。このコア・アフェクトと、状況や行動などを合わせて、感情のカテゴリーとして統合されることで感情の経験が構成される（創発する）という考え方です。

感情の理論では、基本情動説という進化の中で生得的に決定された感情の種類があるという説と、認知の内容によって感情が変化するという説が並立してきました。並立というのは、どちらの説にもそれと合致するデータと反するデータが一定程度あるためです。怒りと喜びのように間違えなさそうな感情がある一方で、感情の区別の粗い人がいるというのもたしかです。

二〇世紀には、フェルディナン・ド・ソシュール（Ferdinand de Saussure：1857-1913）の構造言語学やサピア＝ウォーフの言語相対性仮説のように、言語による世界の切り取り方は、いかようにでもなりうるという考え方もありました。一方で、言語や概念には任意とはいえないような秩序があるという考え方もあります。たとえば、基本レベルの概念という考え方は、概念の抽象度を変化させていくと、とりわけ情報量の多いレベルがあるというものです。情報量の多いというのは、たとえば目の前にある何かを、魚とも、マナガツオとも、生き物とも、物体とも呼ぶことはできるわけですが、魚という抽象度のレベルが一番多くの情報を伝えるという考え方です。細分類をするほど情報量が増えそうですが、詳しい知識のない人にはまったく伝わらなくなります。魚というレベルで情報を共有することが多いため、これが最も共有しやすく、伝わりやすい、つまり基本的な抽象度のレベルになったわけです。すると、感情の種類が普遍的なものに思われるという基本情動説の考え方も、概念カテゴリーというものの性質からは十分に自然なことです。ちなみに、基本情動説が常に他の仮説と並立していた理由の一つは、基本情動の種類が理論家によって若干違っていたためです。

フェルドマン・バレットの感情の理論も、予測誤差の最小化という原理に基づいています。すでに述べたように、人は外界からの感覚情報のみならず、自分の身体からも多くの感覚情報を受け取っています。身体からの情報は、なかなか主観的に体験したり命名したりしがたいものですが、生体にとっては、身体のエネルギーを管理するというのは文字通り死活問題です。肥満や高脂血症などが大きな問題となっている飽食の時代にはピンとこないかもしれませんが、あらゆる生き物は飢えをどのように避けるかを最優先事項としています。

その人（あるいは生体といったほうがよいかもしれません）にとって影響の大きそうな物事に出会うと、身体からも大きな感覚信号が返ってきます。生体は、予測と感覚入力のずれを最小化するということを原理としています。感情は身体感覚などが大きく変化し揺れ動く体験ですが、予測と感覚入力のずれを最小にすることができれば落ち着いてきます。そのようにずれを最小化するのに、身体感覚や外界の状況を概念によってまとめ上げることが有益です。感情は、概念によって構成されるものなのです。

もちろん、感覚信号との誤差を最小化する必要があるため、感情は恣意的な幻想というわけではありません。しかし、その人のもつ概念のきめ細かさによって、どの程度誤差を最小化できるかが変わってきます。フェルドマン・バレットは、概念のきめ細かさを情動粒度と呼んでいます。きめ細かい予測モデルを構成することで、感覚入力とのずれが最小化され、感情が収まっていくのです。感情が不快なときに、それを押しのけようとしても効果はありません。感情の成り立ちをじっくり観察して捉えること、いうなれば縁起を観察することでダルマ（法）を見ることが重要なのです。アビダンマでいう仏教心理学の分析と、非常によく一致する理論だといえます。

構成主義的情動理論のもう一つの魅力は、親子の相互作用の中で感情が育っていく姿とつながりやすい点にあります。コア・アフェクトと、状況や行動などを合わせて、子どもたちは感情のカテゴリーを学んでいくとされています。それは親子の相互作用から始まるものです。感情を構成するための概念は、親子の相互交渉の中で、言葉がけの中で育まれます。

解離

自己の成り立ちを観察したり、自己を相対化するというときに、多重人格（解離）について考えることは意義があります。多重人格において最も顕著であり、他の解離性障害にもある程度共通する症状は、自伝的記憶と呼ばれる自分の体験した出来事に関する記憶の相互のつながりが低下することです。つまり、気分状態が異なったり、周囲の環境が異なるといった形で、別の心理状態にあったときのことが思い出せなくなることです。このメカニズムについて、ピエール・ジャネ（Pierre Janet：1859-1947）は、人間の心を感覚、運動、観念などの複数の要素からなると仮定し、それらを統合する力が弱くなって解離が生じると考えました。近年の認知心理学や神経科学でも、心は相互に独立の要素（モジュール）の相互作用で成り立っていると考えます。そして、それを束ねるメカニズムとして、メタ認知（metacognition）や実行機能といったものが想定されています。

多重人格の研究者として影響力をもってるフランク・パトナム（Frank Putnam：1917-2006）は、離散的行動状態モデル（discrete behavior states model）を提唱し、ジャネ的な理解を発展させました[2]。離散的行動状態モデルの背景には、乳幼児の観察研究があります。生後間もない乳児は、睡眠、ぐずり、大泣きといった異なる状態の間を移行します。状態間の移行は比較的急激です。すでにフェルドマン・バレットの理論のところで見たように、感情というのは単一の仕組みというよりは、身体感覚、状況の認知、概念カテゴリーなどの急激な変化が複雑に相互作用して創発するものです。システム的といってもよいでしょう。乳幼児の状態間の移行にみられるような特徴は、複雑なシステムにはしばしばみられるものです。パトナムは、このような複数の（外見的には異質な）状態を移行していく様子に着目しました。新生児の場合は、一度ぐずり出したら手をつけられなくなりますが、発達とともに、状態間の移行を制御したり、統合するメタ認知能力が発展します。もし発達初期に虐待などを受けて、メタ認知の発達が阻害されると、異なる状態間のつながりが悪くなり、解離状態につながると考えられます。

解離の研究では、自分の経験に関する言語化可能な自伝的記憶が特に注目されました。たしかに、私とは何か、と考えてみると、いろいろな記憶を引き出しながら考えていることに気づくと思います。人間の脳の中で記憶がどのように貯蔵されているかについての研究は歴史が長く、現在でも有力とされているのがネットワークモデルです。

さまざまな情報は、意味の類似や同時に利用されることが多いといった関係の強さ（リンク）によって結びついています。一つの情報が意識されると、リンクでつながった情報も思い出しやすくなるのです。これはちょうどインターネット上の情報のようなものです。たとえば、二〇二一年八月現在、ワクチンという言葉で検索すると、副反応という単語がサジェストされます。これは検索エンジンが、「ワクチン」と「副反応」という言葉が同時に検索されることが多いため、それらを強いリンクで結んだということを示しています。

このようにネットワークというものは、常に変形し続ける動的なものです。通常は、自分の諸々の経験というものは、「自分」というノード（結節点）とリンクがつながっているものですが、ネットワークが変形していくうちに、その中のある部分が、うまく見つけ出しにくくなることがあります。解離状態では、この変形が通常よりも著しいと考えられます。このように考えると、記憶の構造も縁起の考えに近いことが見えてきます。

人の記憶は、ネットワークのつながりによって形成されると同時に、それを一貫したストーリーにまとめ上げるということもされています。テスト勉強では重要な事項を結びつけて勉強するほうが覚えやすいということからもわかるように、ストーリーの形成は記憶の重要なメカニズムです。これはナラティブと呼ばれますが、出来事の客観的な記録であるかどうかよりも、一貫したストーリーとしてまとめる機能が重要です。たとえば、アルコールを長期間かつ多量に摂取した結果、記憶の障害が生じた人は、思い出せない部分について作話をする傾向にあります。また、抑うつ的な人ではネガティブな認知のせいで苦しいという自覚はあっても、ポジティブな情報は自分のストーリーに相容れないために、むしろネガティブな情報を好むことがあります。

このように、ナラティブはその人の記憶をパーソナリティという一貫性のあるものにするためにも働きます。トラウマ的な経験はストーリーに組み込みにくいゆえに、いつまでも時間が経過せずに鮮明なまま残ってしまう傾向があります。また、虐待などによって早期にトラウマ的な経験をした場合は、むしろ物語をうまく作る能力に問題が生じます。そのようなときは、一度ネットワーク（縁起）のレベルに降りていって、物事を観察するのが有益なのかもしれません。

第四章　自己と他者

映し合う自他の世界をマインドフルに見つめる

井上ウィマラ

映し合う自己と他者

ブッダの説いたマインドフルネスでは、自己と他者という映し合う関係性を繰り返し見つめていくことが基本となります。その意味で、ブッダは生活体験の中からミラーニューロンのことを知り尽くしていたのだと思われます。私が伝統仏教の枠を踏み出して探求の旅を続けた理由も、『念処経』の中に繰り返し出てくる「内において（みずからの）身体において身体を繰り返して見つめ、外において（他者の）身体において身体を繰り返して見つめ、内外において（自他の・関係性における）身体において身体を繰り返して見つめる」というブッダの言葉の意味を探求するためでした。

『念処経』に記述された洞察における内・外（ajjhatta／bahiddā）という概念が何を意味するのかに

関して、仏教学において具体的な検討が始められたのはこの一〇年ほど前のことからです。そしてまだそれは科学的なミラーニューロンとの関係についての議論にまでは至っていないように思います[1]。共感や自己感の形成に深くかかわるとされるミラーニューロンとの絡みの中で、ブッダがなぜ内外という表現で自己と他者との関係性の視点を瞑想戦略の基本として取り入れたのかの考察が進んでいくことを望んでいます。そして自他を繰り返し見つめるという経典に保存されたブッダの視点が、現代でいう間主観性（intersubjectivity）のことを指していることの重要性に気づくべきだと思います。この理解を欠いてしまっては、マインドフルネスの本質の半分以上が失われてしまうのではないかと危惧されるからです。

冗長な表現に込められたブッダの思い

さて『念処経』において「身体において身体を繰り返し見つめ……、感受において感受を……、心において心を……、法において法を繰り返し見つめ」と展開していく、一見すると冗長なこの表現でブッダはいったい何を伝えたかったのでしょう。この表現法でブッダが私たちに提起したかったテーマは、「私」という物語を作り上げる素材が、どこからどのようにしてやってきているものなのかを詳しく観察してみることの大切さなのだと思います。

つまり、私たちは身体のこと、身体感覚のこと、感情のこと、イメージのこと、思考のこと、記憶のことなどをごちゃまぜにしながら、言葉を使って「私」という物語を作り上げているのです。別な言い方をすると、身体と感受と心と法は微妙な仕方でつながり合っているので、「私」という視点から明確に区別して見つめていくのはきわめて難しいものなのです。「私」は身体のことを話しているはずなのに、いつの間にか感受のことに話が移り、心の状態に囚われて、法という全体的な領域の中で彷徨いながらなんとなくわかったような気になってしまっていることが多いのです。ある意味で「私」たちはカテゴリーエラーを繰り返しながら「私」の物語を紡ぎ続けるのです。

ここで感受は、身体感覚の原始的なもので、快と不快と中性に分類されます。快（sukha）は欲望を喚起し、不快（dukkha）は怒りや破壊性を喚起し、中性（adukkhamasukha）は忘却（無明）を引き起こす誘因になっていきます。心（citta）の観察では、こうして発生した意識状態が貪瞋痴のどのエネルギーに染まっているかいないか、集中しているか散乱しているか、囚われているか解放されているかを見つめていきます。ここでいう心とは、私たちの感情や思考が展開していく基盤となる精神状態を指しています。そして法（dhamma）では、こうした心の状態で展開してくる感情や思考の流れの中で「私」という思いがどのように浮かび上がり、苦しみをもたらし、どうしたらその苦しみが消えてゆくかを系統的に見つめていきます。身体と心という複雑系の中から、システムがもつ消滅という断層構造に基づいて、「私」という仮想現実が創発するプロセスを詳細に観察するのです。

除夜の鐘の意味

ここではアビダンマによる一〇八の煩悩分析の考え方を紹介して、自己と他者という視点が仏教の瞑想心理学の中でどのような役割を担っていたかについて考えてみましょう。日本では大晦日に除夜の鐘を一〇八回打つ宗教的な慣習があり、NHKの年越し番組では必ず放送されます。除夜の鐘は煩悩を打ち払うためだといわれています。では、その一〇八の煩悩の内容はどうなっているでしょうか。

アビダンマでは、それは煩悩がどのようなプロセスで「私」の物語を作り上げていくかに関してのパターン分析であるとして解説しています。「私」の物語を作り上げる原動力としては、三毒とも呼ばれている貪（lobha：貪り）、瞋（dosa：怒り）、痴（moha：無自覚）の三つの根本煩悩があります。貪りと怒りが物語作りの原動力になるのはわかりやすいのですが、無知とも無明とも呼ばれる無自覚はどのようにして物語の原動力になるのでしょうか？　mohaという言葉には、幻惑される、夢中になる、無感覚になるという語源的な意味があり、そのうえに愚かに信じ込んでしまうというニュアンスがあります。真実を知ろうとせず、今の習慣に従って（自動操縦状態の中で）同じことを繰り返していったほうが楽だという思いです。この無自覚さという環境があってはじめて、貪りや怒りが自由に威力を発揮することができるようになります。

これらの原動力を刺激するトリガーとしての情報は、六根とも呼ばれる眼耳鼻舌身意という六つの感覚器官から入ってきます。修験道の行者さんたちが山に登るとき、先達の声に合わせて「六根清浄」と繰り返し唱える言葉は、これらの感覚器官から今どのような刺激が入ってきているのかをしっかりと見守ることで心身を清めていきましょうという願いを込めたかけ声です。

そしてその物語の主人公が自分になっているのか他者になっているのかで二分されます。これは、その物語が自分の内面に関するものなのか、他者という外部で起こっていることなのかとして分類し

表8　108の煩悩

<table>
<tr><th>原動力</th><th>トリガーの入口</th><th>発生場所</th><th>時制</th></tr>
<tr><td rowspan="2">貪欲</td><td>眼</td><td rowspan="3">自分（内部）</td><td rowspan="2">過去</td></tr>
<tr><td>耳</td></tr>
<tr><td rowspan="2">怒り</td><td>鼻</td><td rowspan="2">現在</td></tr>
<tr><td>舌</td><td rowspan="3">他人（外部）</td></tr>
<tr><td rowspan="2">無痴</td><td>身</td><td rowspan="2">未来</td></tr>
<tr><td>意</td></tr>
</table>

てみるのもよいでしょう。その物語の主語を特定してみることは、その物語から少し距離を取って眺めてみる助けとなります。他者を主語にした物語を、自分がどのように創り上げているのかに気づくことは、自他の関係性の複雑な構造に気づくためのよいきっかけとなります。

さらに時制として、過去・現在・未来のどの時制で物語が紡がれているかで三つの要素が加わります。こうして、三×六×二×三＝一〇八の煩悩による物語のパターン類型ができ上がります（表8）。

たとえば、誰かの声を聴いて、その声が××の声だと認識した瞬間に、その人が自分に対して一週間前に根も葉もないことで言いがかりをつけてきたことを思い出し、腹が立ってきて、また何かを言われるのではないかと予想して不安になったとします。こうした物語が展開しているときに、マインドフルネスの実践としては、「音が耳に触れた」「××の声だと認知した」「先週言いがかりをつけられたことを思い出した」「腹が立った」「また何か言われそうで不安だ」というように自覚するポイントがあります。

こうした物語のそれぞれの場面認識における「主語」は誰になっているのかを自覚してみるのが自他の視点です。その人がまた何か自分のことを非難してきそうで不安なのは「私」です。その人がそのときに何をどう思っているのかは、以前に起こったことと同じである可能性はありますが、必ずしもそうとは限りません。ところが、トラウマのようになって時間の流れが止まってしまっていると、何回でもまた同じことが起こるのではないかと思えてきてしまうのです。

自他を入れ替えて観るトレーニング

精神科医のフレデリック・パールズ（Frederick Perls：1893-1970）が精神分析から離れて創始したゲシュタルト療法にはエンプティ・チェアという技法があります。二つの椅子を用いて、空席になっている椅子に誰かが座っていることを想定して話しかけてみます。そのあとで席を替わって空席だった椅子に移り、先ほどまで自分が座って話していた椅子に向かって、今度は相手の立場になってみて自分自身に話しかけます。自他を入れ替えて世界を体験してみるのです。

こうして外部の誰か（何か）に投影してみることによって、それまではみずからの内部にあると気づいていなかった自分自身の一部分を統合して、より全体的な人生を生きられるように支援していくための手法です。解離して抑圧していたサブパーソナリティを統合していくためにも使えます。

私は、トロントで瞑想を教えながら心理療法を学んでいた頃にゲシュタルト療法を学ぶ機会がありました。エンプティ・チェアの技法はいろいろな場面で応用が可能であり、その場に応じてさまざまな対象に投影されて現れてくる自分の気持ちがあることに驚きながら、世界を何倍も楽しめる技法のように思われてきました。

マインドフルネスの修行である程度のメタ認知が育ってくると、何かを体験しながら、その場にある別な物や他人の視点から今の自分の体験を観てみることができるようになります。精神科医の神田橋條治（1937-）は、天井近くに漂う空中の眼になって自分の臨床場面を見てみることを提案しています。(2) 私がイギリスのアマラワティ僧院で出会ったある西洋人僧侶は、同じように天井にとまったハエになって自分を見つめるトレーニングで吃音を克服し、それが仏教瞑想に出会うきっかけになったと話してくれたことがあります。

レーズンの祈り

そんな私が、マインドフルネスストレス低減法（MBSR）の定番エクササイズであるレーズン・イーティングをベースにして考案した瞑想エクササイズがあります。一粒のレーズンを丁寧に食べて、気づいたことを分かち合います。そのあとで、今度は自分がレーズンになったと想像しながら、「レーズンの祈り」と題して、どんなふうに食べてもらいたいかを自由に作文します。そして書き上げた「レーズンの祈り」を、数人のグループになってマインドフルに読み上げ、傾聴して、その場で気づいたことを分かち合ってみます。

自分の書いた「レーズンの祈り」を読み上げるときには書いた通りに読むようにします。なぜかというと、書いた通りに読むと恥ずかしかったり照れくさかったりするところがあるものなので、私たちは無意識的に「私」の都合のよいように編集して読んでしまう傾向があるからです。「心を込めて、書いた通りに読んでみてください。そして、書いた通りに読んだときにどんな気持ちが湧き上がってくるかをしっかりと体験してみてください」とお願いします。聞くときには、質問やコメントを差し挟まず傾聴します。聴きながら自分の身体にどんな反応が湧き上がってくるかを感じ取ります。こうして全員が「レーズンの祈り」をマインドフルに読み、傾聴し終えたら、今度は自由に感想を述べ合います。

食べるときに使う唇や舌は、愛し合いセックスをするときにも使われます。ですから、自分が干しブドウになってこんなふうに食べられたいなあという状況を描写するときには、ふと自分にこんなふうに触れてほしい・味わってほしい・愛してほしいというセクシャリティが漏れ出てくるものです。読みながらそのことに突然気がついて、恥ずかしくなって、思わず隠してしまいたくなります。でも、そのセクシャリティは相手のために自分の身を捧げたい、相手の一部になって支えたいというスピリチュアリティにつながっていくものでもあります。

普段は気づかずにいる自分のセクシャリティやスピリチュアリティに触れるときの恥ずかしさや照れくささをしっかりと自覚して、思わず編集して隠してしまいたくなる衝動に気づきます。そして、じっくりとその想いを体験できるようになると、それは本当の自分に触れる暖かい体験となり、涙が溢れ出てくるようなことも少なくありません。日常では無意識的に抑圧したり隠蔽したりしているものが、何かのきっかけで外部の対象に投影されて浮かび上がってきた瞬間に、それをしっかりと体験して受けとめていくことがマインドフルネスの大切な構成要素になります。こうして恥ずかしさをしっかりと体験的に理解して受容できるようになると、今度は誰かの支援をしているときに、なぜその人がそんな行動をとってしまうのかを理解する助けとなることが少なくありません。

「照見五蘊皆空」とは

大乗仏教において読誦されることの多い『般若心経』には「照見五蘊皆空《しょうけんごうんかいくう》」という有名な語句があります。この句が実際の瞑想実践において何をどう見つめていくことを指しているのかについて、『念処経』の法の観察に出てくる「五蘊」（85ページ）の観察法が具体的な実践のありようを教えてくれます。日常の私たちはこの五蘊を「私」だと思い込んでいます。すなわち、五つの存在領域からの情報を瞬間ごとに恣意的に組み合わせて（カテゴリーエラーを繰り返しながら）私の物語を作り上げているのです。無明とは、こうして作り上げられている「私」の仮想性に気づかずに、そのままそれが現実だと信じ込んでいる自動操縦状態を指します。こうして「私」だと思い込まれた五蘊のことを「五取蘊」と呼びます。私たちが苦しむのは、五蘊の働きを「私」（五取蘊）だと思い込んでいるときのことです。マインドフルネスのトレーニングを積み重ねていくと、この「五取蘊」と「五蘊」との間を自覚的に往復できるようになります。『念処経』では、その見つめ方を次のように描写しています。

「身体とはこのようなものである。身体の生起とはこのようなものである。身体の消滅とはこのようなものである。受とは……。想とは……。行とは……。識とはこのようなものである。識の生起とはこのようなものである。識の消滅とはこのようなものである」

このようにしてみずからの五取蘊と五蘊について、他者の五取蘊と五蘊について、自他の関係性の間に生じる五取蘊と五蘊について、それらが生起しては消滅していくプロセスを繰り返し見つめていると、あるとき「法（五蘊）のみがある」という気づきが生じると説かれています。

五取蘊と五蘊とではどちらがよいとか優れているなどの価値判断をせずに、「私」が五取蘊を生きているときの感じと、ただ五蘊を生きているときの感じの違いがわかるようになると、自然に自縄自縛の苦しみがほどけいくプロセスが開けていきます。「わざわざそんなふうに思い込んで、悩んだり苦しんだりする必要はないのかもしれないよ……」そんなふうにささやいてくれる智慧の声が聞こえてくるような感じでしょうか。「照見五蘊皆空」とは、こうして五蘊をありのままに見つめて生きることができるようになることをいうのです。

身心脱落と次元の開け

「法（五蘊）のみがある」という洞察は、「私」がなくても呼吸をはじめとする生命現象は何不自由なく流れていくという理解です。こうして空や無我を洞察することによって、ありのままの五蘊を生きることができるようになると「私」はどうなるのでしょうか？　空や無我を洞察するということは、「私」は仮想現実の一つであり、親子関係を中心とする人間関係の中で共同催眠にかかってしまっていて、そのことに気がつかずに信じ込んでいたことがわかるということです。無我や空を理解したことで、「私」が消えてしまうわけではありません。こだわりもがいて生きていた「私」は薄れて、しなやかに試行錯誤を楽しめる「私」になっていくような感じでしょうか。
般若心経の「照見五蘊皆空」が体得される瞬間について、『念処経』では「身体（のみ）がある」

「感受（のみ）がある」「心（のみ）がある」「法（のみ）がある」という言葉で表現されています。「私」がいなくても、呼吸はちゃんといのちを支えてくれていて、感情や思考も、「私」という色眼鏡をかけなくてもそのままで生きることが可能だということです。五取蘊としてこだわっていた「私」が抜け落ちて、そのままの五蘊で生きていられることに気づく体験は、道元のいう「身心脱落」に近いかもしれません。

そして五取蘊から五蘊そのものを生きられるようになると、物質的な身体同士が、感受同士が、想同士が、行同士が、識同士が直接的に響き合っているつながりに心が開けてきます。自分と他人がいて関係性が生まれると思い込んでいたのが、関係性のマトリックスから自分と他人という泡が浮かんでは消えているのだという認識のコペルニクス的転回が起こります。こうして自他に関する見え方が変わってくることで、五蘊の要素同士がそれぞれに響き合っている関係性の次元に気づくのです。

これはユングのいう集合的無意識を体験する共時性に近い、いのちの新しい次元が開けるような体験になるかもしれません。中沢新一（1950-）は、こうしたいのちの直観性についてレンマという言葉を用いて縁起の視点から解説しています。[3]

他者を自分と同じく見ること

ブッダは、人々の世話をしてまとめていくための四つの実践として四《し》摂法《しょうぼう》（catu-sangaha-vatthu）を説いています。布施（dāna）は、金品だけではなく、安心できる環境や、技術や情報や知恵を分かち与えることです。愛語（piya-vacana）は、傷つけたり仲違いさせたりするようなことのない思いやりのこもったやさしい言葉をかけることです。利行（attha-cariyā）は、相手のためになること・利益になることを実践することです。たとえ相手のためになることでも、相手が望まないときには機が熟するのを待ちます。同自（samāna-attatā）は、相手を自分と同じように見て共感し理解することです。大乗仏教では、これを「同事」と訳しています。自分を相手の立場においてみるといってもよいでしょう。こうして自分と他者とを入れ替えて世界を見てみることは、相手のためだと思っていたとしても、実は自分自身のためだったということにも気づいていくことにつながります。

経典には、パセーナディ王がマッリカー王妃の忠誠を確かめようとして「自分より愛おしい人がいますか？」と尋ねたところ、彼女は「自分より愛おしい人は誰もいません。大王さま、あなたには自分より愛おしい人が誰かいるのですか？」と答えたと伝えられています。王は「私も、自分より愛おしい人は誰もいない」と答え、このやり取りをブッダに報告しました。ブッダはそのやり取りの真意を察して次のように答えます。

「思いはあらゆる方向に動き回るが、自分より愛しいものに至ることはない。このように、他の人々も自分が愛おしい。だからこそ、自分を好きに思うのであれば他人を害してはならない」(4)

慈しみが説かれた背景

このようにして自己と他者とは深くつながり合っているものだからこそ、他者を慈しみ大切にすることは自分自身を守ることになって還ってきます。そのことを示す事例として、ブッダが『慈しみ経（Mettā-sutta）』を説いた因縁となった事件ほど興味深いものはないでしょう。(5) ブッダの時代、弟子の出家修行者たちは長老と呼ばれるリーダーを中心としたグループになって遊行しながら瞑想の修行を深めていました。

あるときのこと、ひとつのグループがヒマラヤ山麓を遊行していて、水の清らかな、瞑想するにふさわしい森のある、信仰心の篤い村人の住む里に出会いました。彼らは「瞑想を深めるにぴったりの場所が見つかった」と喜び、すぐに森の中にそれぞれの瞑想場所を見つけ、各々の瞑想修行に励みました。当時は、各自に合ったさまざまな修行法を選ぶことがあたりまえのことだったようです。

誰もがすぐに瞑想が深まり成果が出てくると予想していたのですが、一週間ほどしてみると、みんなの瞑想の進み具合は思わしくなく、体調も優れない様子が目につきました。長老はみんなに様子を尋ねました。すると、「恐ろしい姿が見えて瞑想どころではありません……」とか、「嫌な臭いがしてきて気分が悪くなってしまいました……」などという声が聞こえてきて、どうやらこの森は瞑想にふさわしい場所ではないらしいということになりました。そして彼らは「ブッダのもとに帰って、どこか瞑想にふさわしい場所を教えてもらいましょう」という結論に達しました。

ブッダは彼らの話をよく聞いたあとで、「皆さんには、その森の他には瞑想にふさわしい場所はありません。でも、このまま帰れば同じことの繰り返しになるでしょう。そこで、皆さんに自分を守るための護身法を授けましょう」と言って、すべての生き物たちの安らぎと幸福を祈る慈しみの教えを説いたのです。

ブッダの見立てによると、状況は次のようだったそうです。彼らが瞑想にふさわしいと思った森の大木には精霊の家族が住んでいました。そこにいきなり修行者がやってきて、彼らの存在にお構いなく瞑想を始めてしまったものですから、彼らはその威力に気圧されて窮屈に感じて、とうとう追い払おうとして恐ろしい姿を見せ、大きな音を聞かせ、嫌な臭いを嗅がせたのです。たとえ瞑想はよいことであったとしても、そのパワーが生み出す威圧感が周囲の存在に及ぼす影響力にも気をつけて、配慮することが必要だったのです。

彼らはブッダの教えに従って同じ森に戻り、今度は慈しみの瞑想をしてから、各自の瞑想に入っていきました。すると森の精霊たちは、自分たちの存在に気づいて敬意を払ってもらい、安らぎと幸せを祈ってもらうことで心が温かくなってきました。嬉しくなってきた精霊たちは、進んで修行者たちを守り、お手伝いをするようになったそうです。この話はおそらく、チベット仏教によくあるモンスターを手なずけて守護神に変えてしまうという物語の原型になっている逸話だと思われます。

慈しみの一般的な瞑想法は「すべての生き物たちが安らかでありますように、幸せでありますように」と祈ることです。この祈りの言葉（マントラ）に心を集中させていくことで、自分の心の中にも喜びが生まれ、落ち着いていきます。第三章（122ページ）でも紹介したように、個別に慈しみの心を送るときには、①恩があり自然に親愛の念の浮かんでくる人、②好きな人、③好きでも嫌いでもない（一般的な）人、④嫌いな人（敵など）の順に送っていきます。

人生の基盤としての思いやり

『慈しみ経』の中では、あらゆるものに対して「この（慈しみの）念をしっかりと保て（etaṁ satiṁ adhiṭṭheyya）」と述べられています。この「しっかりと保つ」という言葉は密教の加持（adhiṣṭhāna）を意味する最も初期の仏典の言葉です。そして、その思いやりの心について、「あたかも母親がひとり子をいのちをかけて守るように」と形容されています。親密な人間関係の中では折に触れて喜怒哀楽の情が湧き上がってきます。「愛憎相交々する」という言葉が示すように、深い絆が紡がれていくときには、愛情も憎しみも体験し尽くしていかねばならないものです。いのちをかけて守りたいと思える瞬間があったかと思うと、別なときには「もうどうにでもなってしまえ……」と投げ捨ててしまいたくなるときもあるのが現実です。だからこそ、揺れ動く気持ちの中で「しっかりと保つ／加持する」必要があるのだと思います。それが子育ての現実でしょう。

ウィニコットは「思遣りをもつ能力の発達」という論文の中で、母親が赤ちゃんの（衝動的におっぱいを噛んだり蹴ったりしてしまう）攻撃性から生き残り再び両者に笑顔が戻ってくるような体験が、原初的な罪悪感が抱きとめられて思いやりの心が生まれる起源となることを述べています[6]。つまり、私たちは言語的記憶では思い出せない人生最初期に許された体験があるからこそ、変容した罪悪感としての思いやりを育むことができるのです。

原罪に対する原善があるとしたら、赤ちゃんの攻撃性を受けとめてサバイバルしながら子育てを続けてくれた母親的な存在という環境こそが人間の原善としての思いやりなのです。マインドフルネスとは、そのように心を向けてケアし続ける営みなのかもしれません。宮崎駿の『風の谷のナウシカ』は、そうした人間の可能性を描いたアニメだと思います。

だからブッダも母子の例を挙げたのだと思います。通常の発達においては、こうしたしっかりとした思いやりの環境があるからこそ、攻撃性や憎しみなどを抱きとめながら、子どもたちの心は健全に発育していくことが可能なのです。そして成長したあとでも、何かつらいことや苦しいことがあったときには、子どもの頃に母親に抱っこされて安心したように、しっかりと思いやりの心を向けて受けとめてもらった体験が、その苦境を乗り越えていく力（レジリエンス）を生み出してくれるのです。

虐待やトラウマのある場合

それでは母親が虐待やトラウマの体験を受けているために、子どものことを素直に愛せない、抱きとめられないような場合にはどうしたらよいのでしょうか？　ソーシャルワーカーであり児童精神分析家でもあったセルマ・フライバーグ（Selma Fraiberg：1918-1981）は“Ghosts in the nursery”という論文の中で、七〇年代のシカゴのスラム街におけるアウトリーチ型子育て支援について紹介しています。その中では、泣いている赤ちゃんをうまく世話できずに虐待してしまう母親に対して、チームとしてどのように接していったのか、そこで何が起こったのか、その中からどのような背景が見えてきたのかについて、とても貴重な情報を提供してくれています。(7)

お母さんが自分自身の虐待されたつらい体験を思い出し、言葉にして、そのときの気持ちを表現して受けとめてもらうことができると、オバケのようにその場に漂っていたエネルギーは浄化されて消え去り、目の前の赤ちゃんをありのままに見て、抱きとめて、世話してあげる可能性が開けてきます。そうして赤ちゃんが安心して自分の腕の中で眠りに落ちたとき、母親も安心して眠ってしまうことがあります。こうして親から子へとオバケのようになって世代を伝わってきていた虐待のエネルギー／情報／記憶が癒されていくのです。

日本には、新生児訪問というすばらしい子育て支援政策がありますが、赤ちゃんを訪問してくださる助産師さんや保健師さん、彼ら彼女らをサポートする精神科医やソーシャルワーカーの皆さんにもぜひ知っておいていただきたい、未翻訳の論文です。

全人的医療の可能性

バリントは、医者が患者の話を単なる病歴聴取のような形ではなく、一人の人間が社会に編み込まれた家族の中でどう生きているかの話として全身全霊で傾聴するならば、患者の中にその病気を抱えてどのように生き抜いていくかを考える力（自然治癒力）が湧き上がってくることを述べています。そして、このようにして患者の全人格に傾聴していくことこそが、医者自身が患者のための薬になる、全人的医療（Whole Person Medicine）の道であると述べています。[8]「基底欠損」という概念を提唱して、人生最初期に培われる基本的安心感の大切さを知り抜いていたバリントだからこそ、精神分析の本質を医療一般に還元すべく実践したアプローチだったと思います。マインドフルネスは、バリントが「全身の毛穴から患者の話を聴く」と表現した傾聴とケアの姿勢そのものだと思います。

慈しみの準備瞑想

私がビルマで修行していて一番驚いたことの一つが、自分自身に対して慈しみの心を送る瞑想修行でした。それまでは自分を鞭打って頑張るタイプでしたので、「自分に思いやりを送るなんて……」と思っていたのですが、やってみると、その効果に驚いてしまいました。

アビダンマでは、慈しみの本質は「いかなる怒りもない状態（adosa）」であると定義しています。怒りは、外向きの怒り（敵意、恨みや憎しみなど）、内向きの怒り（自責の念、罪悪感、自己嫌悪など）、出たり入ったりする怒りに大別されます。こうした怒りがある状態で誰かの幸せを祈ろうとしても、その怒りのエネルギーで思いが歪められたり、思いやること自体ができなくなってしまうものです。たとえ一瞬であっても、あらゆる怒りから解放された瞬間がもてると、その瞬間に自分自身を含めてあらゆる対象を受けとめる土台が育まれ、それが思いやりの基盤となるのです。

慈しみの準備瞑想では、マントラに従って、外向きの怒り、内向きの怒り、出入りする怒りなどを手放して、自分自身の安らかさと幸せを祈る心を育みます。「自分が幸せになってもいいんだよ」と、おまじないをするような感じでしょうか。今では、ビルマで学んだこの慈しみの準備瞑想を歌にして、朝起きたとき一番にうたって一日をスタートするようにしています。

「人を恨むこともなく、イライラもせず、自分を責めて苦しむこともなく。心穏やかに暮らせることが、幸せなんだって　思えますように。
アハン（私は）　アヴェーロー（敵意のないものと）　ホーミ（なりますように）
アビャーパッジョー（出入りしてイライラする怒りのないものと）　ホーミ
アニゴー（自分を責めることのないものと）　ホーミ
スキー・アッターナン・パリハラーミ（心安らかで暮らせますように）」

マインドフルネスが軌道に乗るために

こうして自他が映し合う間主観性の視点からマインドフルネスの諸側面を概観してきました。そのまとめとして、私のビルマでの修行体験について紹介させていただこうと思います。一九八七年の夏、ビルマに到着したばかりの頃には熱帯の暑さに慣れず、旅の疲れも重なって、座禅するとウトウトしてしまう状態が二週間ほど続きました。しかし、それを過ぎるとこれまでに溜まっていた人生の疲れが抜け切ったかと思うほどに身体が楽になり、結跏趺坐《けっかふざ》をせずにビルマ式の胡坐による座り方にも慣れてきたせいか、一回の座禅瞑想で五～六時間があっという間に過ぎてしまうようになりました。そんなある日のこと、私は昼頃から夜中の一時過ぎくらいまで座り続けていました。周囲の状況が変化して流れていく様子ははっきりとわかっていたのですが、禅定の力で自然に姿勢が保たれているような感じでした。少し疲れを感じて二時頃には横になったのですが覚醒状態は続きました。

そのことを毎日の先生とのインタビューで報告すると、センターの規則とは関係なしに自由に自分のペースで瞑想してよいとの許しが出ました。結局その覚醒状態は三日三晩続き、四日目のお昼に眠くなって眠りに落ちました。その間、いつもと同じようにすべての日常行為を観察していたのですが、何をしていても斜め後ろの上方一m半くらいのところからテレビカメラで自分を見守っているような感覚がありました。カメラで自分を撮影していると緊張してしまうものですが、そのときには監視されているような冷たい緊張感はなく、見守られているようなリラックスした温かな感覚が印象的でした。

監視や見張る感じの中には、「～せねばならない」とか「～してはならない」と命令する価値判断があります。それはフロイトのいう超自我であり、内在化された両親の価値観であることがほとんどです。マインドフルネス瞑想では、映し合う間主観性の中で自他の心身現象を繰り返し見つめていくうちに、こうした無意識的な価値判断の癖に気づき、それをそっと手放せるようになっていきます。

私のあのときの覚醒体験は、超自我から解放されてありのままに見守ることができるようになり、マインドフルネス瞑想が軌道に乗ったときのサインだったのだと思います。だからこそ師匠も、瞑想センターの約束事を超えた自由を与えてくれることで、瞑想の免許皆伝を示唆してくれたのではないかと思います。そのとき、センターの瞑想ホールには規則から自由になって夜中でも起きて瞑想し続けていたもう一人の女性修行者がいました。言葉を交わすことはなくとも、自分と同じようなペースで修行する人がいてくれることは、なんとなく安心する支えになってくるものです。指導してくれた師匠を含めて、こうした修行仲間と修行を支援してくれる信者さんたちに守られて瞑想に打ち込むことができたことに深く感謝しています。

第五章

赤ちゃんと音楽

第五章　赤ちゃんと音楽

絆を作るメカニズム

杉浦義典

大人は必ず赤ちゃんの時代、子ども時代を経ています。一方で、赤ちゃんの時代はフロンティアともいわれています。これは、誰もが経験したはずの時代が、あらためて発見されるのを待っているのだということでもあります。目の前にあるはずなのに、見えていないのかもしれない。まさしくマインドフルネスの出番です。

あるいは大人は、子ども時代を見えなくする言説に囲まれているのかもしれません。昭和の長い間「スポック博士の育児書」というものが世界的に大ブームだったといいます。スポック博士とは何者でしょう？　心理学の学術的な文献でこの名前を見たことはありません。一度だけ、子どもの研究をしている心理学者の話の中で聞いたことがありますが、先行研究としてではなく、一つの流行現象として言及しているのが明らかでした。グーグルで検索してみると、謝罪、間違いといった言葉が並びます。つまり、学術的な根拠の薄い言説です。

私たちはなぜこのような、あやふやな言説に影響されてしまったのでしょう？　その答えは、ポストモダンと呼ばれる思想家たちの著作にヒントがあります。哲学者ジル・ドゥルーズと精神分析家フェリックス・ガタリ（Félix Guattari：1930-1992）は、『アンチ・オイディプス』という直接的なタイトルの著書で、「母子の親密さを禁止する父親」という核家族の中での力関係というフロイトの図式があまりに長く影響力をもってしまったことを痛烈に批判しています。[1] さらに哲学者ミシェル・フーコーは、そのような図式の背景に、近代という時代が生まれたとき、統治の主な対象が領土から人口に移り、そこでは人口を管理する単位として家庭に注目されたという変化を読み取っています。[2] 赤ちゃんは一人では生きられません。しかし、親子の関係という直接的なかかわりの場に、権力や時代が濃厚に入ってしまうこともあるのです。「スポック博士の育児書」は経済成長の中で、労働力を確保するために、子どもへのかかわりを最小化して、親を労働の場に連れ戻そうとした、という背景があったようです。

このように、自己が創発する過程には、いろいろなものが混入するのだということに留意が必要です。現代思想における「生政治」という概念は、この点について非常に示唆的です。たとえば、「スポック博士の育児書」は、育児に「割かれる」時間を、どのように労働力として利用できるかという目的のものであったといわれています。育児書と銘打ちながら、反育児の書なのです。ミシェル・フーコーは、一貫して近代以降の目に見えにくい権力を描き出す研究を行いました。国王のような人格と対応しなくなった権力は、剣のような見えやすい暴力ではなく、公衆衛生や教育といった「配慮」の中に違和感なく入り込みます。むしろ、入り込むというよりも、公衆衛生や教育を形作るといったほうが近いのかもしれません。

たとえば、フロイトの創始した精神分析は、無意識という個人の内奥の領域に関する技術です。そこでは、治療者とクライエントが、同僚や知人といった通常の対人関係とは重複しないことが重視されます。このようにきわめて私的なものでありながら、母子の緊密な関係とそれを禁止する父親、という権力関係の枠組みを当てはめることが重視されていました（エディプス・コンプレックス）。実のところは、フロイト以後の精神分析や、より広い意味での力動精神医学では、エディプス・コンプレックスが忠実に継承されたわけでもないのですが、専門家のものと限らない言説の中では、権威者による抑圧という見方はいつまでも残りました。それによって、それ以外の物事の見方が制限されてしまったのです。ミシェル・フーコーは、近代の歴史の中で、家庭が公衆衛生による管理の「単位」とされたこと（日本でいう世帯の感覚もこれに近いかもしれません）や、家庭の中での父親という権威というものが、フロイトという人物が生きていた時代、所属していた社会階層に特有の観念であったことを指摘しています。特定の権力を反映したものが、人間の心についての普遍な理論と思われるものに織り込まれてしまうことで、家族というものの見方に政治が入りすぎたともいえます。

つぶさな観察によって、思い込み、先入観といったものも、また因縁によって結ばれた事象であることに気づき、そのような影響に気づければ、自己の成り立ちを相対化しつつ、それをも大切にできるでしょう。心の健康の問題を語るとき、どうしても父親の役割に還元しようとする言説や、子育ては厳しくすべきか放任がよいのかといった狭い問題の立て方を耳にすることはよくあります。その一方、母でも父でも親と子のやり取りをじっくり観察するというあたりまえのことがなぜか長い間なされなかったのです。ここでは、その新しいフロンティアに関連する新しい知見を検討してみます。もちろん、無理やりな関連づけや、性急な還元に気をつけながらです。

オキシトシンの二面性

オキシトシンはホルモンの一つで、子宮を収縮させたり、乳汁の分泌を促す働きがあります。産科領域では長い歴史のある物質ですが、愛情ホルモン、幸せホルモンといった名称で、心理的な好影響について大きく注目されるようになりました。通常、身体の中での物質の作用は、込み入った連鎖反応をなしていたり、同じ物質が身体の異なる部分で異なる働きをしていたりするものです。つまり、ある物質が「愛情」や「幸せ」など、人が言葉で理解できる現象と一対一では対応しないことが多いものです。オキシトシンの場合も、「愛情」や「幸せ」とそのまま対応させてよいのかは、慎重になる必要があります。

精神疾患の患者さんでは、オキシトシンの分泌が増えているという知見と、減少しているという知見の双方があります。オキシトシンが必ずしも、幸福感を高めるものではないことがわかります。また、オキシトシンを点鼻薬として投与した場合に（これはオキシトシンの効果を生じさせることが示されている方法です）、民族中心主義が強まったという研究結果もあります。これは愛情の反対です。さらには、サイコパシー傾向の高い犯罪者では、尿中のオキシトシンが多いことがわかりました(3)。

オキシトシンが子宮を収縮や乳汁の分泌と関連するということは、出産と子育てに関係するホルモンであると見ることはできるでしょう。この時期は、赤ちゃんの安全に非常に注意が向けられるため、外からやってくる危険には敏感になります。森で野生動物に出会ったときに、「お腹が大きかったり、子連れのメスは攻撃的だから危ない」ということがよくいわれます。外からやってくる危険から身を守るために、親の警戒心は強まります。もちろん、親子のかかわりも非常に密なため、上記で述べたような二面性はあるのだと思います。

赤ちゃんの発達の重要な通過点として、人見知りというものがあります。赤ちゃんは生後すぐから人の顔によく反応します。絵文字のような単純化したパターンであっても、顔に見えるものをより長く見ていることがわかっています。また、赤ちゃんの目の前で大人が舌を出すと、同じように舌を出す「舌出し模倣」という現象も知られています。舌出し模倣を初めて報告したアンドリュー・メルツォフ（Andrew Meltzoff：1950-）らは、産科の先生にお願いしておいて赤ちゃんが生まれると電話をもらい、いつでも駆けつけて、みずから舌を出して実験をしたといいます[4]。つまり、知らない大人の顔にも反応をするわけです。ところが、早い子では生後半年くらいから、知らない人には拒否的な反応がみられます。ご近所の人を見て大泣きをしてしまい、気まずい思いをしたお母さんや、久しぶりに孫を訪問したのに、泣かれて抱っこもできなかったおじいちゃん、おばちゃんの話もよく聞きます。しかし、これは赤ちゃんの記憶が発達してきて、いつもそばにいる人と、そうでない人を区別するようになったことの表れです。こんなところからも、愛着の起源に排他性が含まれることがわかります。

愛情は親子の間で作り上げるもので、オキシトシンという単一の物質が多いかどうかによるのではないのです。その一方で、オキシトシンは幼少時の親子の結びつきを再現するものではあるようです。ボーダーラインパーソナリティ障害の人を対象に、オキシトシンを投与すると、投与しなかったときよりも、実験課題であるゲームの相手に対する信頼感が減少しました[5]。さらに、幼少時にトラウマのあった人ほど、信頼感が減少していました。オキシトシンには、幼少期に培った対人関係を引き出す効果がうかがえます。また、信頼感が生まれるかどうかは、その基盤が温かいものであるかどうかによって決まるようです。非臨床群を対象とした別の研究では、オキシトシンの投与によって母親が冷たい養育態度をとらなかった人の場合という条件つきで、脳の中で自己の処理にかかわる部分と、心地よい触覚の処理にかかわる部分との機能的結合性が向上していました[6]。脳の各部位は他の部分とのつながりで多くの機能を果たすため、これも一つの解釈ではありますが、オキシトシンの効果はその人が幼少時に親子で培った温かさの影響を受けるようです。

このようなオキシトシンの効果、つまり排他性を含むことや、幼少時に培った基盤の影響を強く受けるといった点を考慮すると、四無量心の重要さがあらためて思い出されます。親子の排他性をも含む絆を愛着といいますが、英語では attachment です。この attachment は仏教でいう執着という意味もあります。「捨」という距離をおく視点、加えて「喜」と表現される温かさを両立させるということが重要なのです。一方、幼少期に温かさが欠けていたときにはどうなるのか。これは、まだこれからの課題ですが、サンガという他のどのような組織とも集団とも異なる共同体が、そのヒントになるかもしれません。

声と身体の共鳴

言葉は書かれることで、それを伝える物理的な手段とは独立のものになります。メールに書かれた文章は、受信した人の使う機器やソフト次第で異なる外見で表示されているかもしれませんが、同じ内容です。このような書き言葉に慣れてしまうと、声や身体が共鳴して成り立っていた言葉の起源も見えにくくなってしまうかもしれません。しかし、身体の共鳴という言葉の起源が、意外なところで見えてくることがあります。

パソコンやウェブページには、音声読み上げの機能がついていることも多いですし、YouTubeなどでは自分の肉声ではなく、音声読み上げソフトを使った動画も多くみられます。ですが、この音声読み上げソフトの独特の抑揚のない「話し方」は、コンピュータの進歩の早さと裏腹に、二〇年以上ほとんど変わっていません（もちろん、これが一つのキャラクターとなり愛されているということもあるのですが）。

この特有の抑揚のなさというものは、音声そのものの属性というよりも、向かい合う相手との呼吸の揺らぎの同期によっていることに由来すると考えられます。私が大学生の頃に習った口頭発表のコツの一つは「作ってきた原稿を読み上げるのはやめましょう」ということでした。「発表原稿をきちんと作りましょう」と指導されることが多いことを考えると、独特なアドバイスに見えます。しかし、たしかにいろいろな発表を聞いていると、なるほどと思います。原稿を読み上げている発表は、よどみなく聞こえますが、聴いていてペースが合わない、聴き手がおいてけぼりという印象を受けます。多少たどたどしくとも、話し手が聴き手を見ながら話す。その結果として、話し手と聴き手で自然に揺らぎが同期する。そのような話し方のほうが実は聞きやすいのです。これもまた、コミュニケーションには文字に表せるもの以上のものが含まれることを示す一例でしょう。

昨今はオンラインのコミュニケーションが増えてきました。たとえば、オンラインで講演や授業をすると、たとえライブであっても、聴衆の反応がわかりにくいという声がよく聞かれます。そんな状況への解決策として、多数の聴衆のうなずきや視線を計測して、一つのアバターに集約して話者に提示するという方法が提案されています(7)。そのような機械によって伝わる情報をコントロールすることで、さらにコミュニケーションにおける身体の同期の役割が明らかになるでしょう。高度な技術ではなくても文字によるコメントによっても同期が可能なのは、ニコニコ動画などで知られています。

コロナ禍で、メンバーそれぞれの自宅で演奏して「ライブ」や「セッション」を行うミュージシャンの動画が投稿サイトにはみられます。それらの動画では、各メンバーの映像をパネルとして並べていますが、実際には同時に演奏するのは、いくらインターネットやコンピュータが高速になっても、まだ難しいものです。多くは重ね撮りでしょう。実は、本書のもととなった対談では、井上ウィマラ氏が、生ギターで弾き語りをしてくれました。あとでその動画に、私がエレキギターの伴奏を重ねてみました。生ギターの弾き語りは、リズムや間がメトロノームのような機械的なものではありません。エレキギターを弾きながら、対話の流れがあったからこそ、重ねられるものなのでしょう。

ミラーニューロン

知らずしらずのうちに、身体が共鳴することが、コミュニケーションの支えになることは、ミラーニューロンという仕組みで説明されます。運動野と呼ばれる頭頂葉の領域には、特定の動作と対応した神経細胞（ニューロン）があります。ジャコモ・リゾラッティ（Giacomo Rizzolatti：1937-）らは、チンパンジーの運動野の神経細胞の活動を測定する研究をしていました。[8] 実験の合間の休憩時間に、研究者たちがナッツをつまんで食べていたところ、それを見ていただけのチンパンジーの運動野の神経細胞、それもつまむという動作と対応した神経細胞が活動していることが偶然見出されました。つまり、自分がある行為をするときと、他者（他の個体）がその動作をしているのを見るときとで、運動野の同じニューロンが活動するのです。自分と他者の行為に、鏡に映し出すように同じように反応することからミラーニューロンと呼ばれるようになりました。会話をしている二人の片方が足を組むと、もう一人も気づかぬうちに足を組む、といったことは日常的によくみられます。舌出し模倣もこのミラーニューロンの働きによるとされています。恐怖のようなネガティブな感情を起動する部位である扁桃体も、ミラーニューロン的に働きます。他者が恐怖の表情を浮かべているときにも反応するのです。

ミラーニューロンによって気づかぬうちに身体が共鳴することは、相手を見ながらのコミュニケーションの重要なチャンネルとなります。自閉症傾向の人は、身体の共鳴が生じにくいことがわかっています。ところが近年の研究では、定型発達の人（自閉症傾向の低い人）の身体が、自閉症傾向の高い人の身体に共鳴することも難しいことが見出されています。たしかに、自閉症傾向の高い人の身体の動きは独特の癖のようなものがあります。コミュニケーションの難しさは双方向なようです。

リトルネロ

ここまでで、親と子ども、あるいは人と人との共鳴について語ってきました。物語や情報処理装置（コンピュータ）など、人間理解のための有益な枠組みはいろいろありますが、音楽も間違いなくその一つでしょう。

原始仏教における縁起の考え方は、どこかにあらゆるものの究極の原因があり、それが現象を形作るという考え方とは異なります。究極の原因とは、形而上学の長い伝統で仮定されるものであったり、一人の人にとって自己であったりします。しかし、だからといって否定的なニヒリズムではなく、いのちや結びつきは大切に考えています。

個々の事象が影響を与え合ってネットワークを作っている。このように、人間や世界を理解するときに大事になるのが、生成という考え方です。無から有が生じるのではなく、多くのものが影響し合う中で何かが創発するという考え方です。脳の仕組みが代表的な例ですが、そこにあるのは脳細胞のネットワークであり、感情や自己などの目的をもったユニットではないのですが、そこから驚くほど豊かな私たちのいのち、生活、経験が創発します。このような創発を支えるものとして、哲学者のジル・ドゥルーズとフェリックス・ガタリは、音楽、それも繰り返しのフレーズ（リトルネロ）が生成にかかわっているとしています(9)。これは、赤ちゃんと親との共鳴が音楽的なものであるという考えとも符合します。ひょっとしたら、古代の経典が繰り返しのフレーズをもつものとして詠じられていたこととも符合するかもしれません。

第五章　赤ちゃんと音楽

マインドフルネスで赤ちゃんから人生を学ぶ

井上ウィマラ

コミュニケーションの音楽性と人生の基盤

音楽療法家で仏教瞑想の指導者でもあるステファン・マーロック（Stephen Malloch）は、新生児のコミュニケーション能力研究の第一人者であるコルウィン・トレヴァーサン（Colwyn Trevarthen：1931-）とともにCommunicative Musicality（コミュニケーションの音楽性：論文集の邦訳は『絆の音楽性』、以下CMと略）という概念を解明しました。赤ちゃんと養育者との原初的交流には「リズム」「メロディ」「ナラティブ」という三つの要素があり、こうした音楽的な交流によって心の基盤形成が促進され、成人したときの健康の土台が培われていくというものです(1)。

リズム（論文ではpulse）とは、赤ちゃんとお母さんが一定のリズムに乗って発話をやり取りすること。メロディ（論文ではquality）とは、それぞれの発話の質に思いがこもった音声の上下動が展開していること。ナラティブ（narrative）とは、お互いの発話がお互いを包み込み合うように展開していることです。赤ちゃんが声を出すときには、顔の表情も変化し、手足も動いています。全身で歌いダンスしているのです。

トレヴァーサンの研究によると、生まれて間もない赤ちゃんでも、養育者の歌に合わせて、まるで指揮者がタクトを振るように手を動かしているようです。両者の交流をビデオと音声解析で詳しく見てみると、生まれて間もない赤ちゃんがあたかもお母さんに何かを教えているように見える場面さえあります。

マーロックがCMを思いついたのは、トレヴァーサンの研究室で赤ちゃんとお母さんのやり取りのテープを聴きながら、ふと自分が足でリズムをとっていることに気づいたときのことだそうです。マーロックはヴァイオリンの演奏家でもあるので、つい身体が反応してしまったのでしょう。うまくいっている母子のやり取りでは、たとえそれが喃語によるものであっても、全身による音楽性が息づいているのです。こうしたことは、母子の臨床にかかわってきた専門家であればなんとなく察知してしまうものですが、CMはその「なんとなく」を科学的に説明可能な形にして解析して見せることで臨床的な直観に基盤を与え、母子支援の新たな取り組みに向けて画期的な視界を開いてくれたのです。

トレヴァーサンと同じ流れの中で母子臨床に科学的な知見を開拓してきたD・N・スターンは、『もし、赤ちゃんが日記を書いたら』というユニークな本の冒頭で、赤ちゃんの世界は宇宙や深海の研究と並ぶフロンティアであると述べています。[2] スターンによると、生後二か月くらいまでには視覚

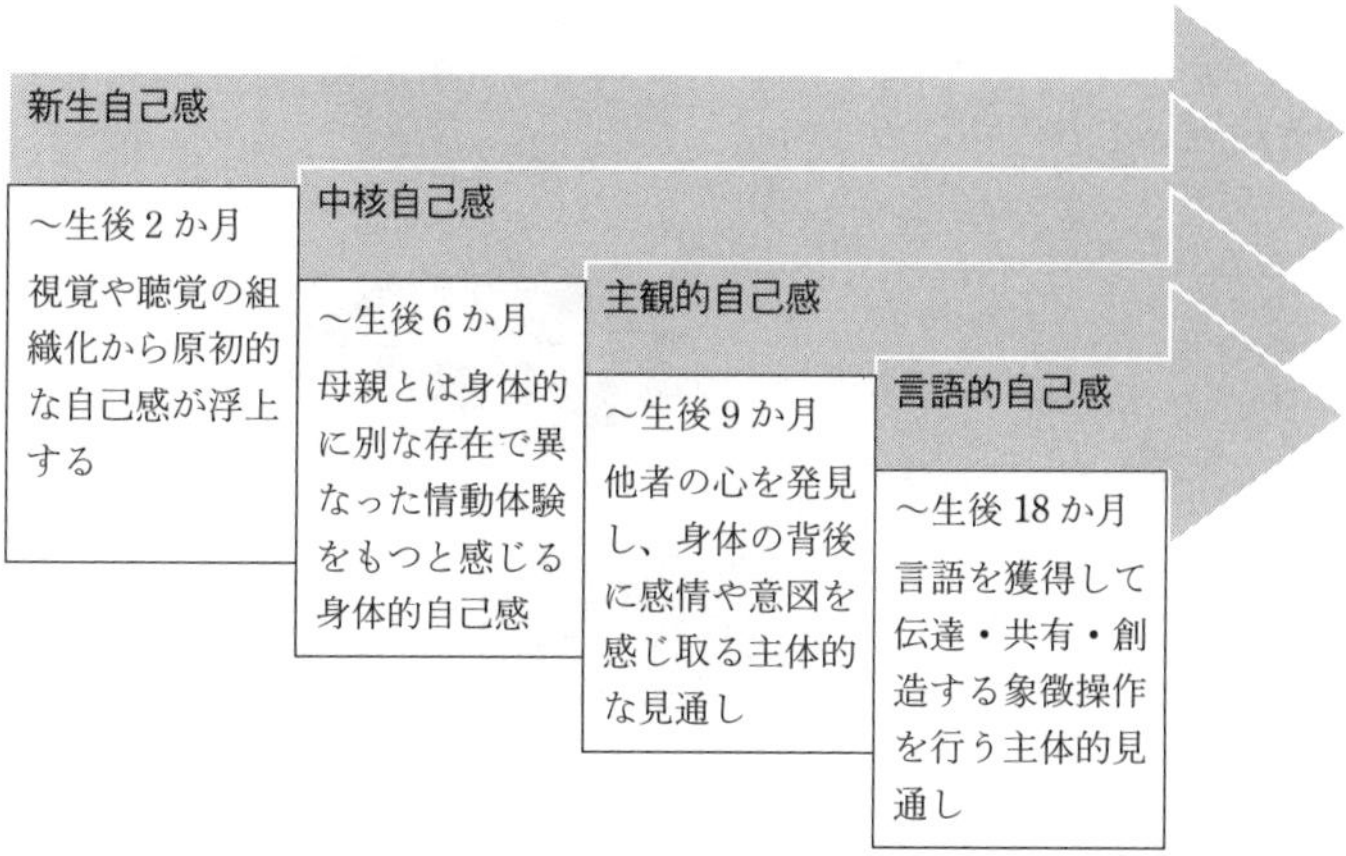

新生自己感
～生後2か月
視覚や聴覚の組織化から原初的な自己感が浮上する
中核自己感
～生後6か月
母親とは身体的に別な存在で異なった情動体験をもつと感じる身体的自己感
主観的自己感
～生後9か月
他者の心を発見し、身体の背後に感情や意図を感じ取る主体的な見通し
言語的自己感
～生後18か月
言語を獲得して伝達・共有・創造する象徴操作を行う主体的見通し

図3　自己の多層性

や聴覚の組織化に伴って「新生自己感」が浮かび上がってきます。六か月くらいまでには、自分と母親は身体的に別な存在であり別な感情をもつことを理解する「中核自己感」が浮上します。九か月頃までには、他人の心を発見して、身体の背景に感情や意図を感じ取る「主観的自己感」が芽生えてきます。そして一八か月頃までには、言語を操って伝達・共有・創造という象徴操作のできる「言語的自己感」が芽生えます。これらはそのまま重なり合いながら、成長した自我意識の基底階層として存在し続けます（図3）。

　こうしたスターンの自己感についての概念は、マーガレット・S・マーラー（Margaret Schoenberger Mahler：1897-1985）の個体・分離化理論を補完するものとして捉えるのがよいと思います。マーラーの発達理論によると、赤ちゃんは身体的に母体から分離して生まれ出てきても、精神的には母親の養育環境の中でのみ生きていくことができます[3]。以下の図4の中の、卵の黄身のような感じです。赤ちゃんが生後六か月く

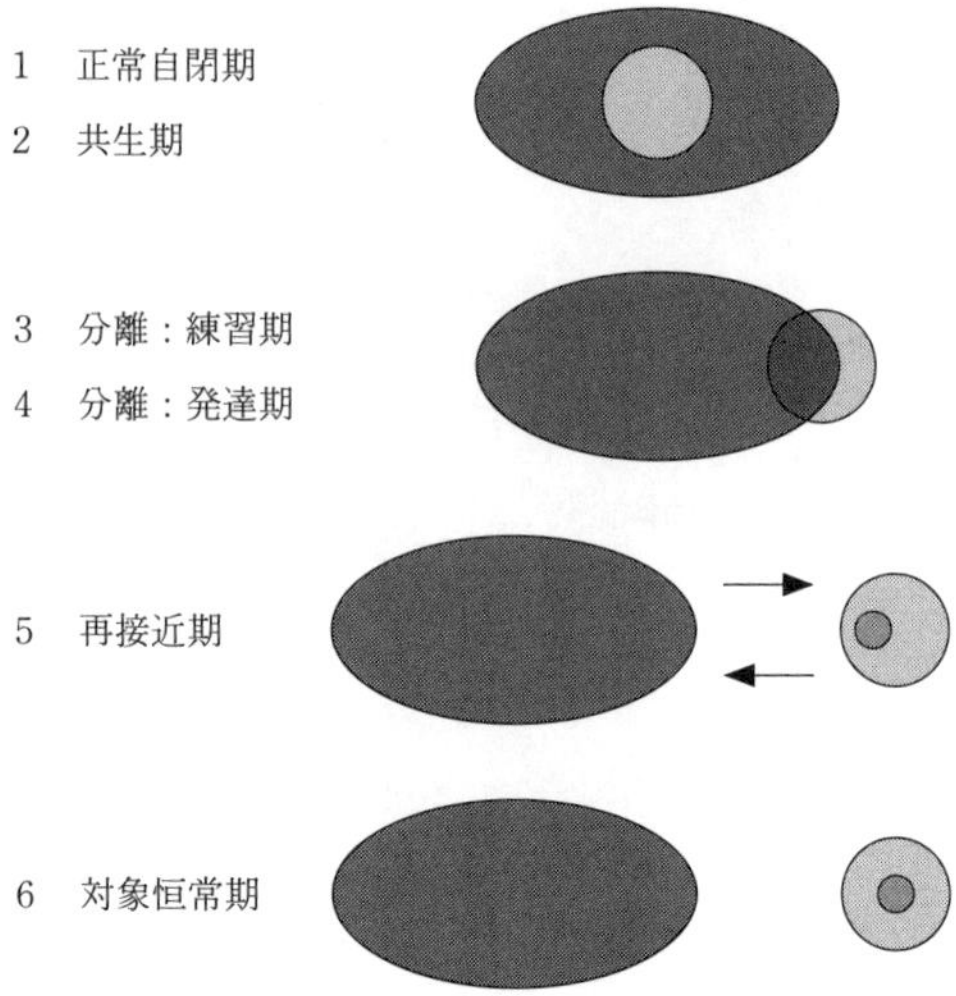

図４　M.S.マーラーの発達理論

らいからハイハイできるようになることで身体的な分離の練習が始まるまでに、マーラーは生後一か月くらいの「正常自閉期」と二か月くらいからの「共生期」を見て取っていますが、スターンはそこに「新生自己感」と「中核自己感」を見て取ったわけです。赤ちゃんは生まれたときから原初的な自己感をもっており、ぼんやりとではありますが自己と他者や世界との相違を感じ取り、やり取りをしていることを観察したのです。

そして「主観的自己感」の形成される八か月から一歳半くらいまでの時期には、情動調律（128ページ）という養育者側の注意の向け方とケアのあり方がとても大切になります。

自己感が形成される過程で、言語の獲得に合わせてこのようにチューニングしてもらいながらケアを受けることで、私たちは健全に自分を認識することができるようになっていくのです。見方を変えると、そのときのチューニングやケアがどの程度の正確さと思いやりで行われるかによって、赤ちゃんに培われる基本的安心感や信頼感が影響され、将来の生きやすさや生きにくさ、そして健康の基盤に影響が及んでいくということなのです。

このことは、人類が哺乳類としてどのように子育てをしてきたか、社会を作ってきたか、そして言語を獲得して子育て文化を構築してきたかということが私たちの健康にとても大きな影響を与えていることを教えてくれます。

マーラーの発達理論では一歳半から二歳半くらいまでの「再接近期」がとても重要な意味をもちます。この時期に子どもは少しずつ母親から離れて世界を探検するようになっていくのですが、心の安心電池（子どもの中の卵の黄身のような部分）が切れてしまうと不安になって充電するために母親のもとに駆け戻ります。そのとき、そのタイミングをずらさずにすぐに抱き上げてあげると安心電池はすぐに充電されて、また探検に出かけていきます。ところが、抱っこしてもらえなかったり、タイミングがずれたりすると、ボタンをかけ違えてしまったやり取りが展開してお互いが疲れ果ててしまうようなことにもなってしまいます。

またこの時期には共同注視（joint attention）といって、一緒に何かを見る体験も始まります。子どもは何を見ても、その発見を喜び、親に報告して一緒に喜んでもらいたいものです。「あっ、ワンワンだね、ブーブーだね」と一緒になって世界の発見を喜んでみましょう。これは四無量心でいう「喜（muditā）」の実践に相当します。

そしてこの時期に「見捨て」を武器にして支配されるような体験が重なると、将来安定した人間関係が築きにくくなるともいわれています。親としては、子どもに対する自分の力を自覚することが難しいために、ついつい「言うことを聞かないと、おいて行っちゃうよ。お母さんの子どもじゃないよ」と見捨てを武器にして子どもを自分の思うように支配しようとしてしまいがちなものです。こうした瞬間にこそ、マインドフルネスの実践を心がけたいものです。なぜならば、そこにこそ人類が苦闘してきた権力との関係性の原点があるからです。

こうした何気ない親子のやり取りの中には、もしかしたら人類の進化の歴史の痕跡が知らずしらずのうちに繰り返されているのかもしれません。私たちは自我を形成して言語を獲得することによって、いのちの歴史の残響のような微細な感覚を忘れてしまっているだけなのでしょう。赤ちゃんとのやり取りは、抱っこの仕方や子守唄などの歌い方を通して、そうした微細な感覚と歌やダンスの仕方を思い出すためのチャンスにもなりうるものだと思います。

鏡像段階

精神科医のジャック・ラカンは、スターンのいう「主観的自己感」のうえに「言語的自己感」が育まれていく時期、すなわち八か月くらいから言葉を覚えていく時期に、赤ちゃんは鏡に映った像を自分自身だと自覚することができる準備が進んでいくことを「鏡像段階」という概念で説明しています。この時期は、それまでばらばらなものとして体験していた自分の身体や世界が統一された一つの全体的なものとして把握されるようになっていく時期でもあります。生物学的には、それまで個体生活をしていたトビイナゴが自分と同種に固有な運動を見ることによって群れでの生活を営むようになることや、ハトの生殖腺の成熟には同類を見ることが必要条件であることなどに関係しているそうです。

この時期の赤ちゃんが、鏡に映った映像を自分自身の姿であると理解して受けとめていくためには、後ろからその様子を見ていたお母さんが、赤ちゃんがお母さんのほうを振り返ったときに「そうよ、それがあなたの姿なのよ、かわいいわねぇ……」というようにタイミングよく促してあげることが必要です。そうした応答に支えられて赤ちゃんが鏡に映った映像を自分の姿だと思い込んだ（同一化した）瞬間、それまで身体で感じていた自分自身の感覚の一部が視覚映像と相殺される形で失われていきます。私たちが「これが私だ」と言葉で確認した瞬間、本当の自分から少しずれてしまうような感覚をもつ体験の始まりに相当するものです。こうして私たちは、視覚や言語によって「私」という認識をもった瞬間に、何がしか疎外されてしまった「本当の自分」があるという感覚も出てきてしまうのです。ウィニコットが本当の自己と偽りの自己のテーマとして論じている問題です。

相手の瞳に映った自分の映像

鏡がない時代には、私たちはどうやって自分の顔や姿を見ていたのでしょうか。経典には「年頃の少女たちが水鏡に自分を映して汚れを落としたり化粧したり髪飾りをつけたりするように、自分自身の身口意の行いをよく見つめてみるように」という教えが出てきます。二六〇〇年前のブッダの時代には水鏡を使っていたようです。

ウィニコットによると、赤ちゃんはお母さんを見ているときに、自分を見ているお母さんの瞳（に映った自分の姿）も同時に見ているのだといいます。人生最初期の絶対的依存状態の特徴である見つめ合うことの意味をうまく表現している言葉だと思います。これはラカンの鏡像段階に至る準備段階に相当し、ミラーニューロンの働きによって自己感が形成されていく出発点における関係性の本質を言い当てているのではないかと思います。

私は、このように映し合いながら発達してくる自己感やお互いの想念について気づいてもらえるように、お互いの目に映った自分の姿を探してみるペア・ワークを考案しました。まずは夫婦や、子育てをしているお母さん同士でやってもらってから、赤ちゃんや子どもたちと、お互いの瞳に自分の姿がどう映っているかを探求してもらいます。こうしたエクササイズを楽しんだあとに、お互いの距離感やタッチングに関するマインドフルネスを育むエクササイズを組み合わせていくことで、その人なりの気づきを関係性やケアの中に活かしていくための工夫をしてもらう準備が整っていきます。

赤ちゃんとダンスできる身体の感覚を育む

ウィニコットは、お母さんが自分の直観を信じて自信をもって子育てができるように支援することの大切さを説いています。私は自分の子育てをしながら、専門職や一般の人たちへの子育て支援とその教育をさせていただいています。お母さんが自分の直観を信じて子育てができるようになるためには、赤ちゃんを抱っこする手の感触をしっかりと感じ取れるようになること、赤ちゃんの身体の動きに合わせて、掌で感じるものを身体全体で受けとめて対応すること、抱っこが赤ちゃんとお母さんとの自然なダンスになるように応援していくことではないかと感じています。その自然なダンスの中で、CMのような音楽的なやり取りが生まれ、自然な子守唄になり、お互いを癒しと成長へと導いてくれるのではないかと思います。

還俗を決意した経緯　赤ちゃんからの教え

私が赤ちゃんを抱っこするときの掌の感触に注意を向けるようになったきっかけは、私に還俗することを決意させた体験でもありました。それは、カナダで結婚し仕事をしていた弟の縁で、トロントで瞑想を教えていた頃のことでした。義理の妹のベッキーが、生まれたばかりの赤ちゃんを「ウィマラ、祝福してあげて」と私に渡してくれたときのことです。私は厳しい戒律を守るために女性にも男性にもできるだけ触れないような生活を心がけていましたので、生まれたての赤ちゃんを抱っこするのはとても不安で怖い体験でした。「指の間からこぼれ落ちてしまったらどうしよう……」と思えてきて、本当に不安だったのです。

ところが、実際に赤ちゃんを両手に受け取ってみると、一瞬のうちに腹が座って「よし、いのちをかけても守ってやろう」という熱い思いが湧き上がってきたのです。すると、「これまでは修行の邪魔だと思い込んでいた家庭を営むことや子どもを育てることの中に瞑想の智慧を応用してみたい。これまで培ってきた洞察智をいのちを育むことに使ってみなければ自分の人生の半分は満たされないまま残ってしまいそうだ……」という気持ちも浮かび上がってきました。

ずっとマインドフルネスの修行を続けてきてヴィパッサナー瞑想として教えてもらっていたので、こうした日常場面での行為をありのままに見守る心はだいぶ育っていました。まだ自分の中にこんなにも生々しく熱い思いが残っていたことに驚きながらも、こうした様子を少し斜め後ろ上方から不思議な気持ちで眺めている自分がいました。

「日本人のテーラワーダ僧侶として、西洋でブッダの教えを新しい仕方で教え続けていきたい」というプライドのようなものがあって、その強い思いが自分を支えてくれていました。ビルマでの修行を支えてくれた師匠や同僚やダーヤカ（日本の檀家に相当）たちの思いも忘れられません。しかしその一方で、『念処経』に出てくる「内を（ajjhatta：自分を）観て、外を（bahiddhā：他者を）観て、内外（ajjhata-bahiddhā：自他／関係性）を観る」という定型句に関する私なりの探究を支えてくれたのは、伝統サイドの仲間たちではなく、瞑想指導を通して出会った西洋の心理療法家たちでした。そういう意味で、私は孤独だったように思います。

半年ほど悩みましたが、結局還俗して何でもありの人生に自分を解き放って、それまで育んできたマインドフルネスの智慧をいのちを育む活動の中で応用実践してみる道を選びました。今では、その選択は大正解だと思っています。そして、あのとき私の背中を押してくれた赤ちゃん（甥っ子）は、今は好青年に成長しています。

ブッダの道と私たちの道

ブッダは息子のラーフラが生まれたことをきっかけとして、出家修行への道を選びました。そして解脱して悟りの智慧を獲得し、その成果を社会に還元していくための布教の道が安定した頃に、生まれ故郷を訪れてラーフラと妻のヤショーダラを出家サンガへと回収していきました。私はこの逸話を思い出すたびに、きっと出家前のシッダッタ（解脱してブッダになる前の名前）は、身籠ったヤショーダラとさまざまな会話を重ねていたのではないかと思います。王への道と出家して解脱することへの道について。子どもを授かった喜びと不安について。そして、跡継ぎの息子が生まれることを一つのきっかけとして、思い切ってすべてを捨てて出家修行への道に身を投じてみるけれども、求めていたものが見つかったあかつきにはその報告に帰ってくることについてなどなど……。

ブッダは王子として当時の帝王学のすべてを身につけて武術にも長けていたようです。今でいう統治のための政治や経済学などをはじめとして、国を守り領土を拡大するための軍事学についても知り尽くしていたのでしょう。だからこそ、修行の末に知り得た微妙で深淵な真理の教えを残すための場所を、社会的な価値観からの支配を免れた治外法権である出家サンガに設定し、少しでも教えが長く生き残るように細かな戒律を制定していったのだと思います。

ブッダが「深淵で社会の価値観に逆行するもの（paṭisotagāmī）」として形容した真理の教えは、私たちの「赤ちゃんは何にもわかっていない」という思い込みにも逆行したものなのかもしれません。

そしてそれは、もしかしたらスターンが「赤ちゃんの世界は、宇宙や深海と並ぶフロンティアだ」と表現したものに通じるところがあるのかもしれません。コミュニケーションの音楽性などをはじめとする赤ちゃん研究の最先端情報から学ぶことは、ブッダが貪瞋痴の三毒と呼んだ煩悩から解放される道のりについて、新しい視点からの光を当ててくれる可能性があります。多分そのことは、進化と発生についての知識が普及してくるのと足並みをそろえながら周知されていくことでしょう。

さらにそれは、貨幣と資本主義のもとに地球から収奪の限りを尽くしみずからの拠りどころとなる地球の生態系を破壊してしまう道から脱出していくための大きな指針を与えてくれるものなのではないかと思います。欲望と破壊性と無知とから解放された安らぎと静けさ（涅槃）という幸福への道は、私たちが赤ちゃんとともにどのように歌いダンスしながら何を学んでいくかにかかっているのかもしれないのです。

第六章

いのちの全体性

第六章　いのちの全体性

いのちのための技術

杉浦義典

思いやりの統計学

因縁生起と条件つき確率

因縁生起とは、すべての事象にはそれに先立つ条件がある、という連鎖で物事を理解する原始仏教以来の考え方です。大きな岩のようにのしかかる抑うつや不安も、実はそのような実体としてあるのではなく、出来事、考え、見たもの、身体の姿勢などが影響し合っているプロセスなのです。瞑想によってつぶさに観察をしたり、あるいは認知療法や行動療法で対話をしながら観察をすることです。たとえば、ある考えが生じると、その後にある気分が起きやすいというように、後続の事象の確率が変化することに気づきます。この気づきによって、自分の内的な体験（それが苦痛なものであっても）とのかかわりが変化します。

私たちが日常的に体験する出来事は、ある一定の確率の幅をもっています。天気であれば、曇りや「晴れ時々曇り」は頻繁に生じます。透き通るような快晴はさほど多くないでしょう。弱い雨は比較的よくありますが、土砂降りは少ないでしょう。快晴や土砂降りというのは天気という事象の取りうる値です。それぞれの値にはそれがどの程度起きやすいか（頻繁に起きるか）という違いがあります。これを確率分布といいます。

天気予報では、直前の気圧や衛星写真など多くの情報を考慮することで、明日は、弱い雨か雨、というように確率分布の幅が絞り込まれます。快晴から土砂降りまで値の幅があったのが、弱い雨かやや強い雨という比較的狭い幅になっています。それでも弱い雨か雨かのどちらかまでは確定できないのが普通です。実際には、どんより曇ったまま一日が終わる可能性もあります。

統計学の用語では、ある事象Xが生じたときにYが生じる確率分布を条件つき確率といいます。事象Xが生じた、あるいは生じなかったという情報が得られることで、それを知らなかったときよりもYが生じるかどうかという確率分布が狭まった場合、天気予報の場合のように有用な情報となります。

条件つき確率の分布が狭まることを、予測の精度が上がったという言い方をすることもあります。心理学はもちろん、多くの学問分野で統計解析を行う場合は、この条件つき確率を求めることを行っていることがほとんどです。たとえば、認知療法に参加するという事象が生じたときに、うつ症状の確率分布が、より重篤なほうから軽度な方向に移動したとすれば、認知療法はうつ病に効果があるといえます。幼少期の親子関係が温かかったかどうかで、成人にオキシトシンというホルモンを投与されたときの反応の確率分布が変化すれば、親子関係が大人になってからも影響をもっていることがわかります。

因縁生起というのは、自己の体験も含めたいろいろな事象が、条件つき確率の連鎖であることへの気づきといってもよいかもしれません。瞑想による観察を続けることで、自分の不安や怒りがどのような条件で起こりやすいかに気づき、また、それらがどのような条件で弱まるかへの気づきが得られます。日常的には、アイデンティティ、つまり同一であるという意味の言葉が自分を指すために使われるのですが、観察される対象の中には、同一であり不動のものはないという気づきも生まれます。誇らしい気持ちや自信喪失といった感情も、その前にある何らかの事象に条件づけられて生じているのです。

行動療法における行動分析という方法では、問題となる行動（事象）が起きる確率分布に影響する先行条件を探すことを、個々のクライエントに即して丁寧に行います。条件つき確率によって事象が結びつくことを「条件づけ」という広く知られたスキナーの用語で理解します。マインドフルネスが行動療法の分野で受け入れられたことも、どちらも条件つき確率による理解であるがゆえに自然なのです。

条件つき確率では、先行条件Xが未知のときの事象Yの確率分布（事前確率）が、先行条件Xが与えられたときに、条件つき確率に変化すると考えます。つまり、先行条件Xが観察されることが重要なのです。これは、たとえば、「子どもの発達は母子関係と父親による禁止という抑圧によって決まるものである」という還元論とはまったく異なります。

統計は冷たい？

このように説明をしてみると、(現代の心理学や医学を特徴づける) 統計の知と瞑想による智慧、あるいは統計の知と臨床の知が親しい関係にあることに気づかれると思います。一方、幸福や健康などの人間的な事象を統計的に分析することに、ある種の冷たさを感じる人もいるのではないでしょうか。しかし、因縁生起と条件つき確率との結びつきを考えてみるにつけ、統計の知はもっと人間的な温かみのあるものだし、そうでないものは邪道だという気持ちが強くなってきました。

では、あらためて統計は冷たいと感じらるのはなぜなのでしょう？　自分自身、平均値などの大きな集団を代表する値に焦点を当てることで、かけがえのない個別性が見えなくなってしまうのではないか、という思いを大学の二年生くらいの頃は抱いていた記憶があります。大学で心理学を学べるコースは多くの場合文学部などの文系学部にあります。身もふたもない言い方をしてしまえば、統計への違和感は、数学への苦手意識なのかな、と自分自身の経験も含めて長らく考えていました。

しかし、新型コロナウイルス感染症が蔓延する中で、あたかも人のいのちを軽いもののごとく見せるような、「冷たい統計」の使い方を実際に目の当たりにするようになりました。すでに私自身も統計を用いた研究を重ねています。その目で見て、明らかな冷たさを感じるような統計の使い方であり、その本来の目的から逸脱した使い方です。たとえば、感染者数の時間的推移を表すグラフの縦軸の取り方を操作して、コロナ感染は大きな問題ではないように見せたり、あるいは重症化してしまったり、亡くなった方の数を人口のような大きな数によって割り算にすることで、ほぼ「ゼロ」であると強弁したり、といった例は枚挙にいとまがありません。いずれも、いたずらや迷惑行為によってネット上での視聴数を稼ごうとするような人ではなく、社会的な責任のある人々から発信された情報です。

生政治と統計

人の健康やいのちというかけがえのないものが、いとも簡単に「集計」されて軽く扱われてしまう恐ろしさ。しかし、実はこれは私の独自の気づきではありません。フーコーが明らかにした、近代を特徴づける監視や管理という権力の形態において、統計学は主要なテクノロジーだったのです。統計学を英語でいうとstatisticsですが、その語幹にあるstatはstateであり、国という意味です。たしかに、日本語でも統計の「統」は統治の統です。

第五章でも紹介したように、一八世紀の末から一九世紀にかけて、権力の場は「人口」になりました[1]。資本主義が広範に広まる前は、戦闘力として、そしてその後は労働力や消費者としての人口です。人口という言い方がポイントです。人の口数を統計的に調べると、それ自体が法則性のある動きをすることがわかってきました。人口学という分野も登場します。権力はそれを管理しようとするのです。人口の統計をもとに疫病の蔓延防止や衛生環境などについての政策が立案され、実行されるときに、管理の単位として人々の居住地というものが浮上します。さらに、たとえば疫病の流行時に、住民の健康状態を把握したり、必要に応じて隔離や療養を行う場所としての家庭という単位が浮上します。

いのちというかけがえのないものがあり、それを育む場として家庭がある。それを数えてみれば、地域の住民数や世帯数が出てくる。このような自然な感覚とは逆に、歴史的系譜をたどると、人口が出発点で、それを管理する単位として世帯がみられているのです。

フーコーによれば、近代の権力はそれ以前の権力と比べて見えにくいものです。権力の主体である王という人格があったり、剣や銃による暴力が行使されるのではなく、公衆衛生や学校教育というものが権力の主な舞台になります。自分の健康に気をつけたり、勉強をしたりといったことは、人々が自主的に求めるものでもあります。医療も教育もサービスと呼ばれるのが普通です。その中で監視や企画化が進むのです。平常時には、いろいろなサービスを受けられる、という面しか見えてこなかったのが、人口というものを対象とした「権力」がコロナ禍で露呈しやすくなったのでしょう。

フーコーの言葉では「生-権力」「生-政治」です。たしかに、感染症は人から人へ伝わります。逆にいえば、ウイルスが増殖する環境が狭まれば、ウイルスの脅威は減少します。集団免疫という人口レベルの議論は、たしかに理解はできることです。しかし、感染して発症するリスク、重症化するリスク、ワクチン接種の有害事象のリスクは人によって大きく異なります。人の身体の複雑さを考えれば当然のことです。

実際、心理学や医学の研究は、通常大規模な集団の傾向という分析しやすいところから始めて、そこから得られたヒントをもとに、個々の人に応じたかかわりへという方向で考えることが通常です。ですが、現状では全「人口」というレベルで考察が止まってしまっています。あるいは、そのほうが大事であるかのようにも見えます。優先されるべきものは間違いなく集団ではなく個人のはずなのですが。

新型コロナワクチン接種後の血栓症をどう理解するか

臨床の知としての統計と、人口を対象とした生‐政治的な統計との違いを具体例で考えてみましょう。新型コロナウイルス感染症が拡大する中で、急速にワクチンが開発され、これまでにないタイプのワクチンが認可され実施されるようになりました。

その中の一つであるアストラゼネカ社のワクチンは、接種後に血栓症の生じた例が報道などでも知られるようになり、日本では一時的に使用が中止されました。そんな中、二〇二一年四月一七日発行の *Lancet* 誌で、アストラゼネカ社のワクチンを接種したあとの血栓症の発生率は、新型コロナウイルス感染症発生以前のデンマークにおける血栓症の発生率を超えるものではないことが報告されます(2)。国単位での疾病の発生率などは公表されたデータもあるため、同様の計算は誰でもできます。ワクチン接種の有無による条件つき確率を計算した結果が、SNSに投稿されているものも見かけました。それらの投稿には、客観的な数値が大事である、というような称賛のコメントが寄せられていました。統計という科学的な思考によって、ワクチン接種の副作用への不安という「不合理」な反応を解消すべきだといってよいのでしょうか？　そうとはいえないことは、その後の展開からわかります。

たしかに、血栓症がワクチンの副反応であることを示すためには、接種した場合と、接種しない場合とで発生率を比較することが出発点です。しかし上述した *Lancet* 誌の記事は、この統計的な比較を報告する論文ではなく、ワクチン接種後の血栓症の発生をめぐる情報を整理した記事です。ワクチン接種の有無による条件つき確率の計算、特に国単位での発生率などの大規模なデータとの比較は、情報が非常に少ない時点で、あるいは血栓症に関する詳細な知識がないときに、とりあえず最初にできる作業ではありません。しかし決定的な証拠ではなくあくまで入口なのです。

血栓症に詳しい専門家は、アストラゼネカ社のワクチン接種後の血栓症は、血栓のできた場所が他の多くの血栓症の場合と異なることに気づきました。すると、血栓症一般の発生率を比較した結果は、ワクチン接種後の血栓症については参考にならないといえます。これ以後の検討では、大規模な人口を対象とした統計解析の役割は下がります。二〇二一年四月三〇日に公開されたその名も *Blood* という専門誌に掲載された五例の症例報告では、ヘパリン起因性血小板減少症というまれなタイプの血栓症との類似点に基づき、アストラゼネカ社のワクチンによって、このタイプの血栓症が生じるプロセスの一部が増強されることが確認されました[3]。幸い五名とも回復に向かっていることも報告されました。これらの知見を受け、二〇二一年六月には日本でも日本脳卒中学会と日本血栓止血学会の共同で、ワクチンの副反応として生じるこの比較的まれなタイプの血栓症への治療マニュアルも公表されました。

このお話しの後半部分では、血液学の専門家が主役です。論文で報告された対象者は五名です。今後、たとえばワクチン摂種後に血栓症の起きやすい人を予測できるだろうか、といった研究を行うときに、あらためて大規模な統計データの解析が登場するかもしれません。しかし、生じている健康上の問題を測定するのは、血液学の詳しい知見なしで進められるようなものではありません。ここからの教訓は、大規模なデータに基づく情報が、より重要だとは限らないということです。もちろん、情報がほとんどないときに、入手可能なあらゆる情報を参照するのは健全な態度です。ただ、検討がより臨床的に、つまり目の前の患者さんに対する専門家の治療というレベルになったときに、データの規模が大きいからといってより簡便なデータにとどまっているわけではありません。

犯罪の捜査という違う領域の例を挙げてみれば、大規模な統計の役割は、問題解決の過程の中で変遷するということがさらに明確になるでしょう。容疑者の捜査を行うのは、そもそも対象者がわからないわけですから、非常に情報が不足した状態からのスタートです。重要なデータ（証拠）が意図的に消されているかもしれません。そんなとき最初の入口では、たとえば放火の犯人はどの程度の年齢で、どのような性別が多いのか、犯行地点と居住地の距離はどの程度か、といった過去のデータに基づいた統計的な知見が役に立ちます。最初に捜査をするべき地域などを絞るのにも役に立ちます。しかし、証拠が集まるにつれて最初の見立てがどんどん書き換えられていくことは、多くの人が想像できることでしょう。

日本人は感染症に対して騒ぎすぎ？

このワクチンの副反応としての血栓症に関する理解の進展と、一般人口における血栓症の発生率というデータの一人歩きと同様の現象は、新型コロナウイルス感染症の感染者数についての議論でもみられます。日本での人口当たりでの感染者数は英米などと比較して少なく、日本人の反応は過剰であるという意見がみられた時期がありました。このような主張をする人は、たいてい自分たちはデータに基づいた「客観的」な判断ができるのに対し、もっと感染予防すべきだと主張する人たちのことを、偏った思想や陰謀論に囚われているため、物事が見えなくなっていると主張します。

ここで、統計の有用性は条件つき確率を明らかにすることで発揮されるということを思い出してください。日本国内だけを見ても感染者数の増減がみられます。この増減は、緊急事態宣言（による人出の減少）や気候に条件づけられているのでしょうか。二〇二〇年一二月から二〇二一年一月にかけて日本や多くの欧米諸国で感染者数が大きく増大しています。[4] 冬は風邪の季節というように、気候の影響なのでしょうか。しかし、日本では二〇二一年五月にも感染者数は大きく上昇しており、二〇二一年の八月には最大の増加を見ました。そして、二〇二〇年の七月から八月にも感染の拡大があり、気候だけが要因ではなさそうです。

さらに、念のため季節の反転する南半球の国であるニュージーランドの場合を見ると、日本と感染のピークが反転しているようなパターンはみられません。それ以上に、ニュージーランドでは二〇二〇年の春にピークがあり、以後は感染者が非常に少なく推移しています。これは、厳格なロックダウンによると考えられています。なお、今のようなデータの見方からは、季節はあまり重要でないように見受けられましたが、実際には感染症の専門家からは冬場の危険が指摘されています。大規模なデータはあっても、より詳細な検討は重視しなくてはなりません。

このように、国内での感染者数の増減を時系列で追跡し、そこから導かれた知見と国を跨いだ比較を統合することで、感染症対策の方略の効果も読み取ることができます。ただ、日本は厳格なロックダウンを行ったイギリスよりも感染者数が少ないのは事実です。現在この理由を探る研究が進められ、キャベツや発酵した野菜（漬物）の摂取など、さまざま候補が検討されています。[5]

国ごとの感染率で見えるものは多いです。どの程度の病床数が必要かなどを評価するためにも、当該事象の発生率は重要な情報です。一方「客観的なデータを見ると、日本人は騒ぎすぎだ」という議論は、感染症という事態の重要性が低いという印象を与えるだけで、発生率の比較から感染を予防するためのヒントを引き出そうとする智慧のかけらもありません。そもそも、いのちにかかわる病気の「重大さ」は、発生率で評価されるものではありません。たとえば、健康診断で要精密検査という判定が出て、実際に精密検査を受けた人の大半は、問題なしという結果が出ます。この場合、健康診断での判定は「フォールスポジティブ（偽陽性）」と呼ばれます。これは、健康診断では重大な病気の見落としを防ぐように判断がなされるためです。もともと発生率の低い病気であれば、それだけフォールスポジティブも出やすくなります。発生率が低いことと、病気の重大性は混同されるものではないのです。

いのちが数字にはなじまないことは、有名なトロリー課題からもわかります。この課題では、暴走してくる列車の引込線のポイントに自分がいると仮定します。そのままポイントを操作しなければ、五人の線路上の作業員が死亡する。切り替えれば、その先で作業してる一人は亡くなるが、五人は助かるというものです。実は、この課題ではサイコパシーの傾向の高い人のほうが、ポイントを切り替えて一人を犠牲にして五人を助けるというデータが得られたことで、逆にその性質について洞察が進みました。[6] まず、どちらを選んだかという結果よりも、この課題を前にしたときに、非常に判断に困るという反応のほうが重要です。五人と一人という数のみで判断することには躊躇を覚え、苦しく思うのです。その後の研究で、サイコパシー傾向の高い人のほうが、判断のときに不快な感情を感じにくいことや、自分が手を下すことへの躊躇が少ないことがわかってきました。[7][8] つまり、いのちを数えるときの抵抗が、道徳的には重要な感情といえるのです。

系譜をたどる

物語というものは、パーソナリティや自己の成り立ちにおいて重要な役割を果たすように、多くの情報をまとめ上げることに有益な一方、そこに合致しないものを見えにくくしてしまいます。二〇世紀の終盤には「歴史の終焉」や「大きな物語の終わり」という言葉がよく聞かれました。これは、社会全体で共有される信念が無効になった、ということを意味しています。たとえば、二〇世紀の前半は、共産主義革命によって、今までにない理想的な社会ができると多くの人が信じていました。一九六〇年代になっても、たとえソ連ではうまくいかなくても、中国では成功するのではないかと思われていました。結局はどちらの場合も革命のプロセスの「途中で必要」とされた独裁政府が残っただけでした。

二〇世紀の終盤の二〇年ほどは、技術革新や経済成長によって理想の社会が到来すると思われました。しかし、これも環境問題や貧困を押しつけられた人々、地域で起こる問題によって、現実と直面せざるをえなくなっています。逆にいえば、大きな物語が終わったおかげで、多くの問題に気づくことができたのです。日本でも過労死の問題などは、経済的に活況を示していたバブル時代からすでにあったのですが、現在のほうがその問題性は広く共有されています。

社会に対するミクロな視点

私は一九九〇年代半ばから、認知行動療法の考えに基づいた精神病理学、マインドフルネス瞑想のメカニズム、幸福に関する研究を行ってきました。その期間に、当初は精神分析などと比較して「マイナー」であった実証データを重視する心理療法（認知行動療法）が主流となりました。マインドフルネス瞑想は、二〇〇〇年代になって、大企業でも研修の方法として採用されることで注目され始めたものの、数年のうちに手のひらを反すように、注目されたのと同じ理由で批判的にメディアで取り上げられるようにもなりました。近年、日本ではアドラー心理学が流行しましたが、その内容は認知行動療法とマインドフルネスを足し合わせたものに思われました。

このように、幸福とは何か、そのために何が有用か、という社会の中での認識は変化します。マインドフルネス瞑想のような方法が、広く社会で注目されるのは、実証研究の知見、文献学的研究、実践からの智慧といった学問的研究の成果のみによるのではないのです。

しかし、先述のように経済成長の時期、不況期といった単位よりももう少し細かい視点で分析することが必要です。マインドフルネス瞑想による縁起の観察を、社会という大きな単位で行うにはどうするか。そのようなアプローチの候補が系譜学というものです。

監視という権力

マインドフルネス瞑想が、大企業での研修で取り入られたということ自体、権力というものとのかかかわりをも視野に入れる必要があるといえるでしょう。時代をさかのぼると、禅と武士道は武家社会の成立とともに登場したものであり、親近性が高いのも自然と思われがちですが、実はこの二つがつなげられたのは、むしろ日露戦争の時期だとされています。[9] 瞑想が知らずしらずのうちに、権力の焦点になってしまうことがわかります。

心理学や精神医学のような人間の「メカニズム」を扱う科学が政治や権力の焦点として成立したさまを、フーコーは詳細に分析をしています。ここで政治や権力というのは、必ずしも国家や企業の経営者のように名指しされるような主体が行使するものだけでなく、もっと幅広くみられる、ありとあらゆる力関係のことです。因縁生起のように、仏教でもネットワークとして世界を見ますが、権力はまさにその網目の中で作動するのです。

フーコーの初期の研究は、近代の幕開けの時期に焦点を当て、監獄によって監視や規律といった権力の形が表れてくる系譜を描きました。いつの時代にも「ならず者」はいたわけですが、監獄という装置によって、「非行性」という仕組みがその個人の中にあるという見方が生まれます。個人の中にあるという仕組みへの注目は、心理学や精神医学といった科学の領域の成立につながります。

監獄は、その非行性を治療することには成功しませんでしたが、監視する（監視される側はいつも見られていることを意識する）という形での権力（規律としての権力）の原型となり、これが学校の教室や工場、その宿舎などに広まりました。規律という権力は、監視される中で特定の行動が形成されることです。個人にとっては権力の働きを直接に受けるとともに、それによって社会で必要な技能を身につけることも可能になるという捻じれた権力の形です。近代という時代が成立する時期に注目して、人間についての「真理」がもっぱら精神医学や心理学などの科学によって判断されるようになった、という系譜を知っておくことで、マインドフルネス瞑想が競争的な企業活動の支えとして注目されたことの意味もより理解可能になります。

生と性の政治

フーコーの後期の研究は、自己や主体というものの系譜を明らかにすることを目指しました。『性の歴史』という最後の著書となった全四巻のシリーズでは、その研究をやはり近代の成立期から始めました。フーコーはまず、この時期にセクシャリティをめぐる言説が増えたことに注目します。この時期はセクシャリティに関して保守的で抑圧的な時代であり、その後、それが解放され自由に表現できるようになってきた、という歴史観が一般的です。それに対して、フーコーは抑圧の時代とされる時期に、性に関する言説が逆に大きく増えたことをさまざまな資料から明らかにしました。

たとえば、それまでは誰の注意も引かなかったような、人目を忍んだ「悪戯」が医療などの観察の対象となり、膨大な記録が生まれます。性は「規律としての権力」とはまた異なる、自己をめぐる権力の焦点になったのです。同時期には、人口を対象とした政治という形も生まれ、人の性そして生をめぐって権力が行使されるようになったのです。近代の成立とともに、軍事力として、そして資本主義の発展とともに、消費（購買）の力として、さらには労働力としての人口が注目されました。とはいえ、セクシャリティを軸とした政治は、労働者を対象として始まったものではありませんでした。

従来の貴族階級とは別の新興階級として登場したブルジョワジーは、貴族の地位を支えていた血筋とは別のものとして、健全な子孫を残すことを重視しました。セクシャリティの科学は、そのために役立ったのです。フロイトのリビドー（性的エネルギー）を中心とした精神分析が、主にブルジョワジーを対象として発展したのはその象徴的な結果といえます。

性が人間の形成の重要な焦点となった背景には、キリスト教の告白の長い伝統があります。告白という形で内奥に秘められたセクシャリティを告げることが行われていたことによって、秘められたセクシャリティが自己の真理のようにみられるようになったのです。それを継承する精神分析でも、心の奥に押し込められた無意識を語ってもらうという形式をとり、無意識を何よりも重要なメカニズムとみなしたのでした。

自己の技法

フーコーは、『性の歴史』の二巻以降では、刊行時点の研究計画から変更し、自己というものを形成するテクノロジーがどのように変遷したのかという系譜の研究に移行します。一九八二年にバーモント大学で行われた「自己の技法」という講義や、『性の歴史』の第三巻では、ギリシャ・ローマ時代の自己の技法というものに注目しました。(10) 古代ギリシアでは、男性が性の快楽に対して節制できることが、その優れた力を示すものとして重視されていました。これは、罪悪感と結びついたセクシャリティの抑圧とは異なるものです。そのような節制は万人に求められるものではなく、国家のリーダーなどになるために必要とされたものです。自分を統治できるものこそが、国家をも統治できるというわけです。

このような自己のテクノロジーは、さまざまな形で古代ギリシアで実践されていました。「汝自身を知れ」という古代ギリシアの有名な格言は、長らくもっぱら知的な探求への導きとされてきましたが、フーコーは自己をどのように統治するかという実践のために汝自身を知ることが重視されていた、という新しい読みを提示しました。

古代ギリシャには melete という言葉があり、これは meditation に相当し、瞑想や準備を指すものです。気遣いや配慮とも近い語源のものです。これは、どのように振る舞うかというシミュレーションでした。また、自分がどのように適切に振る舞えたかという検査でもありました。自分を振り返り省察することは、続くキリスト教の時代にも引き継がれましたが、悔いあらためることで自己を断念するというニュアンスが強くなりました。省察が自己をどのように作り上げるのかという考え方が変わってきたのです。神という他者にすべてを委ねるためには、自分が自分の主人となるのではなく、自分の内奥をもすべて洗いざらい告白し、自己を断念することが重要となりました。

『性の歴史』は三巻が公刊されたところで、フーコー自身の死によって中断されました。今度は、我々が古代インドに視点を移し、その技法をあらためてたどる研究が必要です。

成り立ちを見つめること

構成主義的情動理論も、ロボットから人間を理解しようとする構成的発達科学も、ともに構成（construction）という用語を用いています。建築という意味もあるこの言葉は、文字通り作り上げる丹念な過程を意味します。苦しみから自由になる実践は、思い込みを越えるために尽力してきたといってもよいでしょう。自己が行動のすべての原因ではないことを示す先端的な科学研究も、思い込みを越えるための力はあるのです。同時に、物事の成り立ちを丹念に見つめることは、体験から距離をおいて眺めることを可能にすると同時に、その物事を大切に思うことも可能にするのでしょう。これはまさに中道です。マインドフルネス瞑想が、体験の成り立ちをつぶさに眺める方法である意義はこのようなところから見えるのです。

第六章　いのちの全体性

いのちの全体性をめぐって

井上ウィマラ

現代的なマインドフルネスの潮流を生み出す画期点となった『マインドフルネスストレス低減法』の中で、カバットジンは「これは、アジアの仏教にルーツをもつ瞑想の一つの形式を基本としています」と一度だけ明言していますが、仏教、宗教あるいはスピリチュアリティという言葉はほとんど使われていません。(1)マインドフルネスを医療を中心とした社会のメインストリームに入れていくための賢明な戦略だったと思います。

そのかわりに第Ⅲ部の全体を費やして、「全体性」「内的な結びつき」「癒し」「自然治癒力」というキーワードを駆使しながら、宗教性やスピリチュアリティの本質を科学的に説明しようと試みられています。確立されて間もない分子生物学の領域において博士号を取得し、おそらくは複雑系理論やカタストロフィ理論、量子力学のことなどにも関心を寄せていたであろう科学者らしさが伺えます。第Ⅲ部を構成する五つの章の見出しは以下のようになっています。

第一四章　″全体性″の体験と癒し
第一五章　″癒し″ということ
第一六章　心のもつ癒しの力――健康と病気に対する新しい視点
第一七章　心のもち方と健康――思考・感情・性格が体におよぼす影響
第一八章　″結びつき″と自己治癒力

ここでは、伝統仏教の解脱の視点と対比させながら、こうしたカバットジンの、あるいは現代的な臨床マインドフルネスの科学的な戦略について考察してみたいと思います。

枠を出ること

第Ⅲ部の冒頭では、マインドフルネスストレス低減法（ＭＢＳＲ）のプログラムのはじめに出される九点パズルが紹介されています。図５のように並んだ九個の点を、四本の直線で、一筆書きで結ぶという問題です。

　私たちは九個の点を見た瞬間に無意識的にそれらを囲む四角を想像してその中で答えを探そうとする傾向があります。しかし、解答を得るためにはその四角を出てみる必要があります。

　このようにして、自分で無意識的に作ってしまう枠を出ることで、より大きな視点から問題を見つめることができることの大切さを体感することが、

図５　９点パズル

このクイズの目的です。正解を得るためには、枠を出ることが必要だということに気づくその瞬間の、「あっ、そうか！」という体験です。その具体的な体験から、全体性に触れることの大切さ、瞑想の中でそれを感じていくことの重要性について話が進められていきます（図６）。

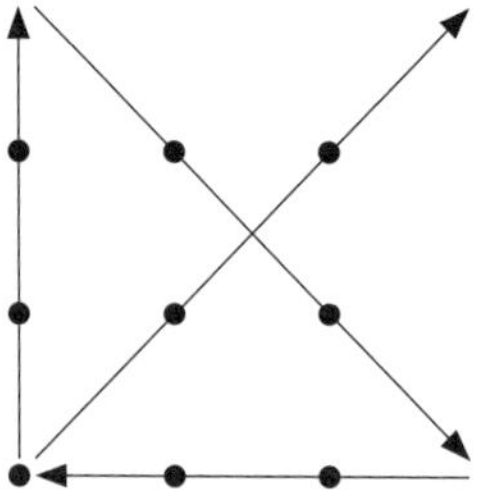

図６　枠から出る

出たい枠と守ってくれる枠

私は大学の学生たちにこのクイズを解いてもらっているとき、ふと「枠を出るときの不安に対する安心感を得るための安全基地の重要性」について思い至りました。そして、このクイズを解いてもらったあとで、「枠を出る」というテーマで少しレクチャーをしてから、「出たい枠」と「守ってくれる枠」について考えてもらう時間を取ってみるようにしました（表９）。

すると興味深いことに、どちらの枠にも「家庭」あるいは「家」が入ってくることがあり、どちらに入れた場合にも、それなりに納得できる理由があることがわかってきました。

出家というライフスタイルが象徴すること

ブッダが、自分の悟った法が少しでも長く存続するようにと選んだライフスタイルが出家でした。解脱の最終段階に到達したときの自然な生き方といってもよいでしょう。その出家は、「家を出る」と書きます。家が縛りの枠になっているわけです。守ってくれる安全基地になる家もあるし、縛りに

表9　出たい枠と守ってくれる枠

出たい枠	
守ってくれる枠	

なっていて出ていきたい家もあるのです。

パーリ語で出家の原語になっている言葉は pabbajita です。英語では、gone forth と訳されます。「前に」という方向を意味する接頭辞 pa と、進むことを意味する語根 √vaj から構成された言葉で、「パッバジタ」には枠から一歩を踏み出すという含意があり、家を出て世間的なものを手放し、遊行しながら修行するというライフスタイルを意味します。

出家修行者の相互扶助の理想形

出家修行者の生活規範が集められている『律蔵』には、出家修行における師匠（和尚）としての義務と弟子としての義務がまとめられた章があります。[2] そこに描写された相互になすべき具体的な項目はほとんど互換的な構成になっています。すなわち、師匠が弟子にしてあげなくてはならないことは、状況が変わった場合には弟子が師匠に対してしてあげなければならなくなります。おもしろいのは、弟子が邪見に囚われたときには師匠がその邪見を正してあげなければならないのと同様に、師匠が邪見に囚われてしまったときには弟子が師匠の邪見を正してあげなくてはならないとあります。こうして師弟はお互いにいのちが尽きるまで互恵的に世話し合うように説かれています。

そして驚くべきことに、師弟関係の理想は「師匠は親が子の面倒を見るように弟子の世話をするべきであり、弟子は子が親を慕い世話するように師匠に従って世話するべきである」と述べられています。家庭を離れた出家修行者たちの関係性の理想が、出たはずの家庭生活における親子関係をたとえとして語られているのです。私には、ブッダは「本当の家族になるためには家を出る必要があるのだ」と言っているように思えました。

つながり、愛着、安全基地

カバットジンは第Ⅲ部の後半で、母親との結びつきが健康な心身の基礎であると述べています。これはまさにボウルビィの愛着理論そのものです。そして、アリス・ミラー（Alice Miller：1923-2010）を引用しながら「健康は、子供時代の心の傷を癒すことから」（p.368）と述べています。その当時はまだＰＴＳＤという言葉は一般的ではなく、今でいう複雑性トラウマや発達性トラウマ障害のことを指して話していたのだと思います。ＭＢＳＲの受講者の中には、こうした傷を負っていた人たちが相当数いたようです。

こうした傷を癒すための指針について、カバットジンは、傷を負っていることに気づくこと、身体からのサインを受け取れる態勢を作るために自分の身体と自分に対する感情との結びつきに意識を向けることの二点を挙げています。これはトラウマ処理のための三つのＲ（re-member：思い出すこと、re-lease：エネルギーを解放すること、re-integrate：再統合すること）にも通じることですし、フロイトの「思い出すこと、繰り返すこと、やり遂げること」という精神分析を確立した論文にも通じます。何より思い出すことを語源とする**sati**の英訳であるマインドフルネスの核心に通じるものだと思います。

親子関係と世代間伝達

カバットジンはこうした世代間の問題について次のように語っています。

親や先生やほかの大人たちが、子供たちに対して無意識に行っている言動や、自分勝手な自負心から生じた言動の影響は、ある意味で精神的な暴力といえるでしょう。この微妙で目に見えない精神的な暴力をふるわれている子供の数は、一般的にいわれている肉体的・精神的児童虐待の比率をはるかに超えるものです。そしてこれは、自分自身や自分の能力に対する認識のもち方という点で、何代にもわたる影響を与えていくのです。

私たちは、このようなまちがった結びつきによって生じた傷をたくさんかかえ、なんとかして傷を忘れようとします。しかし、傷は、隠したり否定したりするのではなく、癒さなければならないものなのです。傷を癒すことができなければ、全体性をとり戻すことも健康状態を改善することもできないばかりか、これまでにもお話してきたように病気をまねく危険性をも高めてしまうのです。(pp.370-371)

ここで親や先生や大人たちが子どもたちに無意識的に行っている精神的な暴力について述べられて

いることは、マインドフルネスの実践における倫理についての本質的なポイントを示唆しています。それは無自覚な権力の問題です。アーノルド・ミンデル（Arnold Mindell：1940- ）は「ランク」と呼んでいます[3]。私たちは立場の違いがもたらす権威構造について深く自覚しなければなりません。親子関係や師弟関係、そしてセラピスト・クライエント関係のような力の差のある人間関係においては、力をもった側がそのことを自覚して、相手のためにその力を使いこなしていく必要があります。そしてそのことが、まわりまわって自分を守ることにつながっていきます。

乳幼児期における母子関係において、こうした力をうまく子どもたちのために使いこなせている状況をスターンは情動調律、エムディは情緒的応答性という概念を創始して説明しようとしました。それは、セラピスト・クライエント関係においてラポールを構築するときに必要となる心の向け方と同じものです。私たちは、マインドフルネスが普及してきた今だからこそ、こうした視点からマインドフルネスがもつ力の本質について深く考察していく必要があるのではないかと思います。なぜならば、自分がもってしまった力についてしっかりと自覚して相手のために使いこなせるようになることこそが、倫理的な問題に取り組んでいくための本質的な視点となるからです。

コンステレーション（布置）の視点から

ユングは『家族布置』の中で、こうした世代間伝達を媒介する要素が親（や教師）の無意識的な身振りなどの言動パターンであることを洞察し、それを「コンステレーション（布置）」と呼びました。

子どもは親の身振りをまねしながら、そこに感情を込めることを学び、言葉の意味と使い方を学び取っていくのです。

constellationという単語は一般的に星座を意味します。夜空の星の並びに意味のある形を見出して物語を創り出してきた人間の特性を表現するための巧みな言葉遣いだと思います。コミュニケーションにおける非言語的要素がもつ力の本質を洞察した点では、仏教でいう身口意の三業という視点に通じる貴重な洞察です。

言葉は、言語のもつ分節性ゆえにいくらでも嘘をつくことが可能ですが、身体にはそれができません。心はその間で調整していく運命を背負います。ユングは、「親や教師が口で教えたことは子どもたちには伝わらない。子どもたちに伝わるのは親や教師の無意識的な身振りなどから伝わるメッセージなのだ」と喝破しています。そういう意味で私たちは家族という布置の中に生まれ落ちてくるのです。

マインドフルネスは、こうした人間的な活動の中で、呼吸を中心とした非言語的な身体的要素に根を下ろしながら、言語的要素にも注意を向け、間主観的な関係性の中で展開される多様な物語を繰り返し見守っていきます。すると、その観察プロセスの中で言語的な記憶の枠を超えていのちの全体性に触れる体験が起こり、言語的な自我観念の束縛を脱していのちの流れそのものを体験することができるようになります。

解脱と悟りについて

伝統的な仏教ではそれを解脱と呼びます。解脱（vimutti）と悟り（bodhi）を区別するために、私たちを輪廻（saṁsāra）といういのちの再生産の輪に縛りつけている束縛（saṁyojana）から解き放たれることを解脱と呼び、解放されるときの個人的な洞察内容を悟りと呼ぶことにします。同じレベルの解脱体験であっても、その人がどんな人生を歩んできたかによって洞察の物語はまったく違った内容になるのです。

仏教では一〇の束縛によって輪廻に縛られていると考えています。①有身見《うしんけん》、②戒禁取見《かいごんしゅけん》、③疑《ぎ》、④貪り、⑤怒り、⑥微細な物質的身体をもつ世界への執着、⑦物質的身体のない精神世界への執着、⑧プライド、⑨心の浮つき、⑩無明です。これらのうちの最初の三つを超越すると、預流《よる》（sotāpanna）と呼ばれる最初の解脱の段階に入ります。聖者の流れに入った人という意味で、最多でもあと八回人間としての苦しみを味わい切ることによって阿羅漢《あらかん》と呼ばれる解脱が完成した段階に達します。

解脱の条件

解脱の第一段階である預流に到達するためには、有身見と戒禁取見と疑という三つの束縛を超える必要があります。有身見（sakkāya-diṭṭhi）とは、この身体が自分の所有物だという思い込みです。この身体は自分のものであり、この身体が自分のものだと思えることは健康の基盤となります。しかし、そのためには母親を中心とした養育者による適切な育児が必要です。私たち人類は進化の過程で、他の動物に比べて未熟な状態で赤ちゃんを産み、手をかけて育てることによって自我意識を獲得し、社会性を伸ばして言語や文化を獲得しながら生き残る戦略をとってきました。ですから、絶対依存状態の新生児が相対的な依存状態を経て自立していくためには、少なくとも数年以上の集団的なケアを必要としています。そのための基盤となる単位集団が家族です。

その家族の中で健全に育児がなされたとき、私たちは自分の身体を自分のものとして認識し使いこなしながら群れの中で生きていくことが可能になります。しかし、そのように健全に育ったとしても、この身体は自分の所有物として思い通りになるものではありません。ある意味での授かりものです。この身体は自分の身体ではあっても、自分の思い通りになる所有物ではないことを理解し、その有限性を受容することが有身見の超越になります。そのためには呼吸を見守りながら、一回一回の呼吸が「私」の思いを超えたところで外界との交流に支えられて生起消滅していて、このひと息が終わったあとに次のひと息が生まれてくる一〇〇%の確約はないことに気がつく必要があります。それは、自分はいつ死んでもおかしくはないのだといういのちの真実に直面する、冷や汗が出るような体験になるかもしれません。

終末期の寄り添いとみずからの看取り体験

しかし興味深いことに、この有身見が超越されたときにはじめて私たちは自分の身体を大切にすることができるようになります。「授かりもの」で、「生かされている」という感謝の気持ちが湧いてくるからです。そして、終末期を生きる人たちにしっかりと寄り添うための準備が整います。なぜなら、終末期を生きる人たちはみずからの有限性に直面している人たちであり、彼らの近くに寄り添うためには、エリザベス・キューブラー＝ロス（Elisabeth Kübler-Ross：1926-2004）が力説していたように、みずからの死の不安に向かい合うことが不可欠になるからです。

がんなどの告知を受けた人たちがショックを受けるのは、それまでの日常を支えてくれていた「私だけは死なないだろう……」という錯覚による安心感が崩壊するからです。私たちは死に直面して生きることが難しいので、日常を安心して生きるためにそうした錯覚による安心感を必要としています。それは万能幻想の名残のようなものです。解脱するためには、こうした錯覚による安心感から脱錯覚して、死への不安に直面してみずからの有限性を受容することが必要になります。それは日常を生きるための「私」という仮想現実の看取り体験に他なりません。

儀礼や慣習を超えて見えてくるもの

戒禁取見とは、社会的文化的な儀礼や慣習への囚われを意味します。冠婚葬祭をはじめとして、修行法や瞑想技法、そして心理療法の流派などへの執着を含みます。戒禁取見を超えるためのポイントは、そうした人間世界の約束事が絶対的なものではなく、それぞれの状況に即した相対的な約束事であることを理解することです。

同時にそれは、物事の本質を理解して、その状況に合わせて創意工夫することを可能にしてくれます。たとえば、グリーフケアの本質を理解して葬儀をコーディネートしたり、目の前のクライエントに合わせて流派や技法を超えた瞑想、セラピーのアプローチを工夫したりすることが自在にできるようになります。これはアブラハム・マズロー（Abraham Maslow：1908-1970）のいう自己実現した人が社会的な習慣から自由になっている状況によく似ています。

疑いを超える：自己信頼の意味するもの

こうして社会的な儀礼や慣習を超えていくためには、外的権威に依存することなく、自分自身の体験と感覚と考えを信じて試行錯誤しながら一歩一歩を進めていくための勇気が必要になります。ブッダは自分を信じて学び続けていく勇気の支えとなる確信のことを指して「〝疑い〟を超える」と表現したのではないかと思います。それはまた、ブッダの「信仰心」についての再定義になっているものかもしれません。信仰心を意味するパーリ語の saddhā は、「みずからの心をおくこと」と語源的解釈をすることができるからです。そしてそれは、現代心理学における自己肯定感や自己効力感に通じるものではないかと思います。

全体性とは何か

カバットジンは、全体性について説明するためにアルベルト・アインシュタイン（Albert Einstein：1879-1955）の次のような文章を引用しています。

人間は、私たちが〝宇宙〟と呼んでいるものの全体の一部です。時間も空間も、限定された一部なのです。人は、自分自身とか、自分の思考や感情などが、体のほかの部分とは切り離されているもののように考えています。これは自分の意識に対する一種の幻想です。この幻想は一種の牢屋のようなもので、ここに入ると個人の欲望や自分に近い数人に対する愛情だけに縛られることになります。

私たちは、あらゆる生きものと自然全体を、そのすばらしさゆえに抱擁するために、慈しみの輪を広げてこの牢屋から自分を解放しなければなりません。これが完璧にできる人はいませんが、努力し続けること自体が、この牢屋からあなたを解放し、内的な安定を得るための基礎を作るのです。(p.291)

そして、マインドフルネス瞑想によってこの全体性に触れる体験について次のように語っています。

瞑想を行い、〝今〟という静止した瞬間の中で、自分自身が完全なものであるということをかいま見たとき、そして同時に、〝自分が一つの全体であり、かつ、より大きな全体の中の一部である〟ということを直に体験したとき、私たちがかかえている問題や悩みに対して、新しい、深い視野が開けます。つまり、自分自身やさまざまな問題を〝全体性〟という別の角度から見ることができるようになるのです。(p.295)

「今ここ」における純粋体験について

「〝今〟という静止した瞬間」が何を意味するかを想像してみるためには、序章で紹介した「一秒前を思い出してみる」思考実験が役に立つでしょう。一秒前を思い出そうとしている間に時間が流れてしまうので、言語的思考で「私が、いつ、どこで、何をしていたか」を思い出すことはできません。その意味で思考が静止してしまうのです。エポケーとか現象学的判断停止と呼ばれている状態に近いものです。そして一秒前を思い出そうとする体験では、ただ見えているだけ、聞こえているだけ、息をしているだけの感覚の流れを感じていることはできます。それは、いのちの流れに触れているだけの純粋体験です。

こうして一秒前を思い出す思考実験の中で日常的に慣れ親しんだ言語的思考や論理的思考の領域に入れなくなってしまう体験は、多くの人にとっては居心地の悪いものかもしれません。しかしマインドフルネス瞑想に慣れ親しんでくると、そうした純粋体験の中で静けさや永遠に触れるような体験をすることもできるようになってきます。言語的思考や論理的思考が成立する以前の意識レベルでいのちの流れに触れる体験は、脱中心化の中核となり、カバットジンのいう全体性に触れることを可能にしてくれる基盤となるものです。そして、アインシュタインが意識の牢屋からの解放と呼んでいたものにも通じるものでしょう。

プレゼントモーメント

こうした純粋体験を通していのちの全体性に触れる体験について、臨床の側面から科学的に考察したのがスターンの『プレゼントモーメント』です。[4] スターンは赤ちゃんとお母さんのやり取りをビデオ撮影して微細なシグナルの交換を分析することから多くのことを学んだようです。これはマインドフルネスのトレーニングで、自分と他者の間で何が起こっているのかを丁寧に見つめていく作業によく似ています。

人間の赤ちゃんは他の動物に比べると未熟児状態で生まれてきますので、脳や神経系の発達も誕生後に子育てというケアを受けながら進むものがあるようです。そしてそれは、地球上に生命が誕生して、単細胞生物から多細胞生物になり、神経回路が集中して脊椎動物になり、上陸して哺乳類となり、類人猿の仲間からホモサピエンスが誕生し、言語を獲得して、現代のような文化を築きあげてきた進化の歴史の最後半の部分を繰り返す形で進められていくようです。

スターンは、こうした母子という間主観的関係性の場で生まれてくる今ここのプレゼントモーメントについて次のように語っています。

その瞬間《モーメント》においては二人の心は相互に浸透し合い、「私はあなたが、私の知っていることを知っているということを知っている」、あるいは「あなたは私が感じていることを感じていて、それを私も感じている」というようなことが起きる。つまり、他者の心の内容を読むということが生じる。相互的に読みとり合うということも起こりうる。つまり、少なくともある瞬間においては、二人の人がほぼ同じ心象風景を見たり感じたりしているということになる。精神療法とはまさにそのような出会いである——と言ってしまってもかまわないであろう。また、そのような出会いは、私たちの生活に変化をもたらすと同時に、親密な関係性の物語として記憶に残るような出来事をも、もたらす。それゆえ、人と人との間主観的接触の

瞬間は、私たちが調査するのに最も適した文脈であると言えよう。(p.77)

「今ここ」と「私」が生まれるための時間

感覚器官を通して入ってきた刺激情報が、ニューロンのグループによってフィードバック・ループを積み重ねて連合体を作り、活性化したまま固定された状態が一定時間持続したときに、意識が創発される質的な飛躍が起こるようです。それは、複雑系の裂け目から一つの新しい秩序が浮かび上がってくる瞬間の一コマです。マインドフルネスでは、こうして意識が創発されるプロセスの全体を見守っていきます。だから、洞察（vipassanā）には繰り返し見つめること（anupassanā）が必要なのです。

そしてスターンによれば、こうした意識が発生するために必要な単位時間は、おおよそ三秒から数秒、長くても一〇秒くらいの間であると見るのが妥当なようです。これは、序章で紹介した「一秒前を思い出すエクササイズ」で体験した純粋体験にも通じるプレゼントモーメントです。そして、その「今ここ」の瞬間の中で、「私」という意識が関係性の場から浮上してきます。ですから、この平均すると三秒から数秒のプレゼントモーメントは「私」意識が生まれるために必要な単位時間にも重なっているのです。

経典では、こうして浮上してくる「私」意識にもさまざまなレベルがあることを、瞑想者たちも観察していたことが具体的に記述されています（表6：91ページ）。

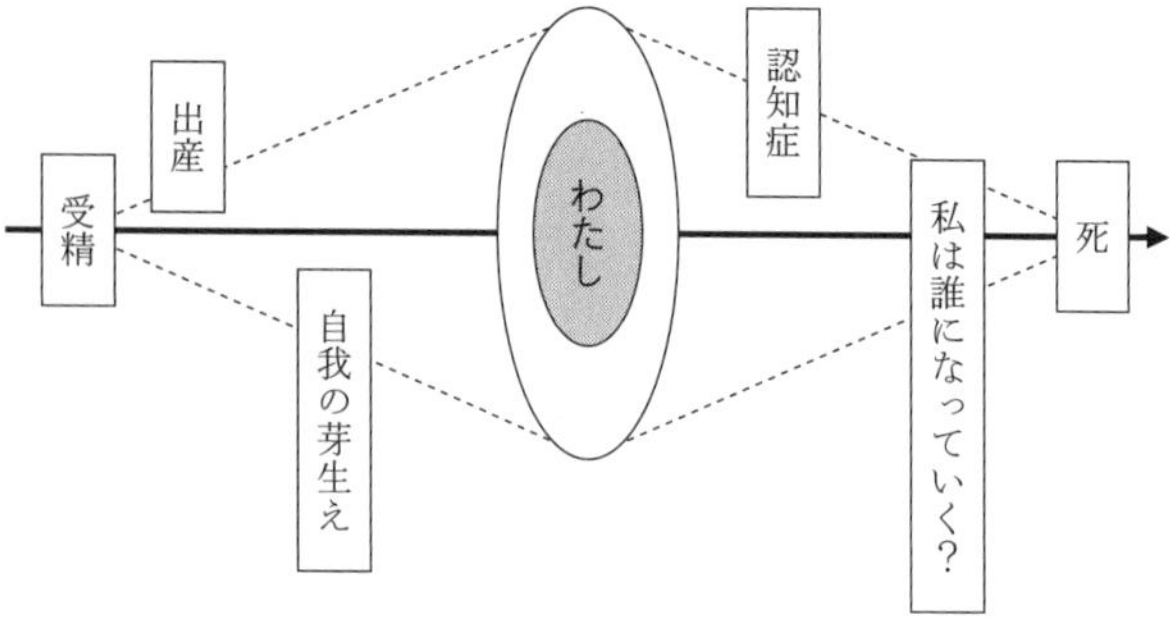

図7　いつ「私」になるのか?

いつ「私」になるのか

さて、こうした「私」は生まれてからずっと存在していたものなのでしょうか? 死ぬまでずっとこのまま持続してくれるものなのでしょうか? 図7は、マインドフルネスを学ぶ学生さんたちに、「いつ『私』になるのか?」というテーマで考え、話し合ってもらうために用意した図表です。

このエクササイズをするときには、「あなたの一番古い記憶は何ですか?」という問いを足場にして考えてもらうようにしています。

図の中央の黒丸で表してある「私」意識は、多くの意識されない生命活動によって支えられています。大人でも、覚醒している時間の何%くらいで「私」意識が活性化されているのかは興味深いものです。その「私」意識の中では、生まれてから死ぬまでこの「私」が生きているように思えています。ところが、私たちの想起できる一番古い記憶はせいぜい二〜三歳頃のものです。それでは、思い出せないくらい小さな頃の私は、胎児だった頃の私は、いったい誰だったのでしょうか? あるいは、これから生きていく中でもし認知症になったら、そのときの私は誰になっていくのでしょうか?

これは正解のない問題ですが、いろいろな意見を聞いているうちに、「私」というもののあいまいさに気づいていき、そのことが「私」という問題に向かい合うときの新しい視界を開いてくれます。

そして次のステップとして、それぞれの答えにおいて、その頃の「私」を支えてくれていたのは誰・何だったのかについて考えてみるとよいでしょう。

四〇代で若年性認知症を発症したクリスティーン・ブライデン(Christine Bryden:1949-)は『私は誰になっていくの?』『私は私になっていく』という著作を通して、近くに寄り添ってくれる存在がいれば、認知症を生きる体験は、社会的な仮面を外して素の自分自身に戻っていくプロセスになりうることを教えてくれました。(5)(6)

こうした問題を含めて、人生全体の視野に立って「私」意識が生まれてくることの意味を考え直してみることが重要であり、マインドフルネスはそのためにとても役に立つツールなのではないかと思います。

マインドフルネスとスピリチュアリティ

カバットジンは、マインドフルネスを社会のメインストリームに受け入れやすくするために、仏教や宗教、スピリチュアリティという言葉の代わりに「全体性」と「内的なつながり」をキーワードにして癒しと自然治癒力を語る戦略をとり、それが大成功しました。ただ、これまでのマインドフルネス研究では、こうしたポイントをテーマにした研究はあまりありませんので、これからの大きな課題になっているようにも思われます。

それでは、宗教やスピリチュアリティの視点からマインドフルネスを見るとどうなるのでしょうか？『マインドフルネスストレス低減法』(pp.11-13) には、次のようなある実業家の事例が紹介されています。彼は家族のことも忘れて仕事に熱中していて、心臓疾患があることがわかったときには、すべてが終わったように思えて絶望してしまいました。MBSRの初回に出席した彼の顔は、目の輝きを失った病人そのものでした。ところが、プログラムに参加している中で、これまで自分のことを支えてくれてきた家族の愛に気づき、八週間のコースが終了したときには、心臓疾患は治ったわけではありませんでしたが、目には輝きが戻り、幸せそうな顔をした健康な人に見えていました。

病気が治ったわけではないのに、目の輝きが戻って生きいきとした健康な人に見えるようになること。そこにスピリチュアリティの働きがあるのだと思います。

健康とスピリチュアリティ

一九九八年、世界保健機関（ＷＨＯ）は健康の定義について、スピリチュアルとダイナミックという二語を追加する改正案を議論しました。第二次世界大戦直後の、急性期医療が中心の状態から、慢性疾患とその予防へという大きな状況の変化があり、一九四八年に制定された健康の定義ではカバーし切れないという懸念があったからです。この改正案は、提案した国と反対した国との政治的かけひ

表10　WHOの健康の定義

現　行：	Health is a state of complete physical, mental and social well-being and not merely the absence of disease or infirmity. （健康とは単に病気や虚弱でないことではなく、身体的、心理的、そして社会的に完全に良好な状態をいう）
改正案：	Health is a *dynamic* state of complete physical, mental, *spiritual* and social well-being and not merely the absence of disease or infirmity. （健康とは単に病気や虚弱でないことではなく、身体的、心理的、スピリチュアル、そして社会的な良好さのそろったダイナミックな状態である）

※新しく追加される部分を*斜体*に、それによって大きく変化を受ける部分に下線をしてあります。

きのために議長預かりのままになっていますが、緩和医療をはじめとする医療現場では、スピリチュアルな要素を取り入れた改正案が受け入れられた形での取り組みが進められています。

ここでは、新しい二語が加わることで健康観がどう変わるのかをわかりやすくするため、定義を詳細に比べてみたいと思います。現行の定義と改正案は表10のとおりです。

日本では、この動きに触発されて「スピリチュアル」という言葉の日本語訳について議論され、それが二〇〇〇年頃のスピリチュアルブームを加速したという経緯がありました。しかしそのとき、スピリチュアルという言葉と一緒に加わるはずであったダイナミックという言葉に関する議論はほとんどありませんでした。新しいものと出会うとき、一つの側面だけに熱中して、それに伴う大切なもう一つの面を見逃してしまうこと。これは、新しい文化を取り入れる際に気をつけなければならないことだと思われます。

そして、こうした考察の中でcompleteという言葉に託されるニュアンスの変化を見逃してはなりません。「完壁」という理想に騙されずに、諸要素が補い合っていく現実をありのままに見つめていくことの大切さです。

人生のあらゆる景色を愛でること

「ダイナミック」という言葉を追加することで、健康はひとつの一定した状態ではないということを強調したかったのだと思います。すなわち、人生は山あり谷ありで、元気に活動できるときもあれば病気に苦しむときもありますが、人生のどんな天候に遭遇してもそのときの景色を味わいながら生かされて息をしていることに感謝しながら最期まで生き抜いていくことのできる状態が健康なのだということです。そうした視界を切り拓く必要があったのだと思います。病気にならないことや死なないことが健康なのではなく、病気であっても、死にゆく過程を生きているときにでも健康であることは可能である、そんな新しい健康の定義を目指す必要があったのではないかと思います。

私たちが身体的には病気を患い、心理的には落ち込んでしまい、社会的には仕事を失って経済的にピンチに立たされていたとしても、スピリチュアルな窓が開かれることによって、今ここに生かされて息をしていることに感謝しながら生きる力が湧いてくるのです。「スピリチュアル」という言葉は、「息する」を意味する語源（spīrāre）をもち、このような使命を担って提案された言葉なのです。一昔前ならば「宗教的（religious）」という言葉が一般的であったのかもしれません。しかし、長い歴史を通してあまりにも多くの手あかにまみれてしまった「宗教的」という言葉に代わって選ばれたのだと思います。

スピリチュアリティと俯瞰性

スピリチュアリティがもつ力の特徴は、いのちの全体性を俯瞰する力です。個人的ないのちの視点からだけではなく、個々の生命体を宿す地球の生態系の視点から、そしてその地球が浮かぶ宇宙全体の視点から、今ここで息をしながら生きている「私」という現象を見守るのです。なぜそれが可能になるかというと、私たちの呼吸は、ガス交換とエネルギー代謝とからなり、その運動を担っているのは延髄中枢の支配を受けた植物由来の生命呼吸と、大脳皮質の支配を受ける動物体制による意思呼吸との共同作業になっているからです。すなわち、私たちは呼吸運動を実感しながら見守る瞑想の中で、宇宙に浮かぶ地球というハビタブルゾーン（Habitable zone）で発生した生命現象のすべての歴史が無意識的な繰り返しの中で展開されているのに触れて感じ取ることができるのです。

第一章で紹介した図1（49ページ）は、スピリチュアリティを担うものとしてのマインドフルネスを表現したものです。母子関係などの二者関係で働いているマインドフルネスは、「いのちのゆりかご」となってお互いのいのちを支えてくれます。子育てやセラピーなどが行きづまったときに支えてくれるのは、話を聴いてくれながら新しい視界を開いてくれるスーパーバイザー的な存在です。能の世阿弥が『花鏡』で語った「離見の見」は、そうした俯瞰性を象徴する名人の心のありようの一つで、どんな道の世界にも通用する考え方だと思います。

私たちの日本文化の中には、このようにして仏教的マインドフルネスである「念」の奥義がさまざまな形で根づいています。『鬼滅の刃』は、「全集中の呼吸」と「透き通る世界」という技の進み具合を通してマインドフルネスの止観の要素を見事に劇画化してくれています。

見守りの器としてのマインドフルネス

表11は、こうしたマインドフルネスがさまざまなケアや治療の世界でどのようにして見守りの器として機能しているかを分類してみたものです。人生最初期におけるマインドフルネスの働きは、スターンの情動調律が一番よく表してくれていると思います。その背景になっているウィニコットの「ほどよい母親的環境」という概念も忘れてはいけません。

心理療法では、教育分析の中で自分自身のナラティブがどのような支えの中で、どのように再編集されていくのかを体験し、個性化の過程を自覚できるようになるためにマインドフルネスの働きがあります。ジェンドリンのフェルトセンスやロジャーズの自己一致の考え方が、仏教の三業の考え方と相関しながらマインドフルネスが活躍する場です。[7][8] そして、今度はスーパービジョンのような形で支援する立場になったときには、バイジーとクライエントの生育歴同士がどのようなコンステレーションの響き合いをしているのかを俯瞰的に見守る器としてのマインドフルネスのメタ認知の働きが求められます。

医療の世界には、マインドフルネスとコンパッションに基づいた燃え尽き防止プログラムGRAC

表11　見守りの器とマインドフルネス

母子関係	安心、信頼
心理療法	自己物語の再編集 健全な自我の育成・個性化
医師と患者関係	診断・治療への信頼 治癒への希望
看護師と患者関係	母子的ケア（守り支えること）による安心 生きる意欲（自然治癒力）
スピリチュアルケア	自己の死と再生の見守り

Eの実践が緩和ケアを中心として導入が始まったばかりです[9]。相手をアセスメントしてケアし、治療することばかりを学んできた人たちに、自分自身のことを知りケアすることの大切さを学んでもらうための糸口になります。

そして死の臨床を中心としたスピリチュアルケアの現場にとって、死にゆく人たちに寄り添うための訓練として、自分自身の死への不安に向かい合い、自他の心身の絡まり合いをありのままに見つめるマインドフルネスの実践は、二六〇〇年前の出家者たちの実践を再構築するためにはとても意味深いものになるでしょう。看取りは、最後の息合わせを含めて、マインドフルネスなしでは何もできない場なのかもしれません。キューブラー＝ロスがワークショップパートナーに仏教瞑想の指導者であったスティーブン・レヴァイン（Stephen Levine：1937-2016）を選んだ理由もそのあたりにあったのだと思います[10]。

アンビバレンツの統合の視点から

ブッダの弟子たちは修行仲間の看取り体験に基づいて、最期の意識の道のり（臨終心路）について詳細な観察を行っていました。死の直前の意識過程に浮かんでくるイメージを分類し、死ぬ瞬間の意識は、受精の瞬間の意識と、あるいは最も深い無意識レベルで身体の恒常性を維持させている意識（有分心［bhavanga-citta］：生命維持心）と同じものであるという仏教心理学の洞察を伝えています。有分心は阿頼耶識のプロトタイプです。

　こうした瞑想実践による知見が集積されて、死のプロセスと誕生のプロセスにおけるエネルギー伝達の問題が考察されていきました。これはおそらく、現在の宇宙論物理学のブラックホールの問題、ダークマター（と生命におけるネゲントロピーと）の問題、そしてブラックホールから次の宇宙に向かってエネルギーが放出されていくホワイトホールは存在するのかという問題が解明されるに連れて明らかになっていくことでしょう。

　このようにして生と死のプロセスを詳細に観察していたブッダは、涅槃と呼ばれる解脱の境地を「不死」という言葉で表現するレトリックを使いました。これは「二《に》而《に》不《ふ》二《に》」と呼ばれるのちの密教において用いられるようになった概念の原点です。ブッダはスッタニパータの中で、解脱するときの感覚を「この世とあの世をともに超える」と表現しています。[11] この世とあの世という二元論は、言語の分節性に基づいた哲学的世界観の一つの可能性です。その二元論を超えたところに解脱の境地があるということです。

　生死や愛憎などの両極性を超えていくことは、ブッダの最初の教えである中道に基づいた実践思想でもあります。現代的にはアンビバレンツの統合だと見てよいでしょう。現代の自我が自我肥大と自己嫌悪や虚無感の間を揺れ動くそのさまを、ありのままに見守り受けとめていく実践です。

あとがきにかえて——ポストコロナを見据える視点

安息日によせて

新型コロナウイルス感染症の流行が騒がれ始めた頃、心の中になぜか「安息日」という言葉がこだまし始めました。三密を避けることやステイホームが言われるようになり、本書のきっかけとなった日本マインドフルネス学会における杉浦氏との対談の中でも、ステイホームと安息日の話題が出ました。しばらくして別のご縁でキリスト教の神学者の先生とお話しする機会があり、旧約聖書の創世記における安息日の意味合いについて教えていただくことがありました。創造主は、最初の六日間で世界を創り、第七日目にすべての業を終えて休み、その日を聖別して祝福したことが安息日の由縁なのだそうです。

「息に安らぐ日」という日本語の表現は不思議なほどマインドフルネスにぴったりです。世界を創る「doing モード」から、呼吸に安らいで創造した世界を愛でる「being モード」に切り替えた時間の過ごし方です。生産活動をひと休みして、自然や世界がどうなっているのかをしっかりと見つめなおすこと、それはポストコロナを見据える基盤です。

一神教とマインドフルネス

「安息日」という言葉の余韻の不思議さについて考え始めた頃、カバットジンやエプスタイン、ラリー・ローゼンバーグ（Larry Rosenberg：1932-）の顔が思い出され、彼らとの出会いの意味について私なりに腑に落ちることがありました。現代にマインドフルネスを蘇らせてくれた立役者たちの多くが、敬虔なユダヤ教に生まれ育った子どもたちだったようです。私は、ブッダの瞑想法のミッシングリンクを探し求めて旅していたときに、そうした先輩たちに出会って交流する機会が与えられたことをとてもありがたく思います。

マインドフルネスの指導者にユダヤ系が多いのは、第二次世界大戦における大量虐殺によってユダヤ教の瞑想を指導することのできる人たちが失われてしまったことが関係しているようです。ヒッピームーブメントの中で、アジアの仏教瞑想に出会って修行を深め、それを西洋社会に持ち帰って伝えた第一世代は、ユダヤ・キリスト教系の瞑想の地下水脈を蘇らせるという時代的要請を生きていたのかもしれません。

おそらくブッダのマインドフルネスの教えは中東やギリシャ・ローマに伝わって、ユダヤ教の密教であるエッセネ派に受け継がれ、その流れの中でキリストの出現が準備されたのではないかと想像します。もしかしたら、死海文書などの解読を経て、こうした東西交流の歴史秘話が明らかにされる日がくるかもしれません。

マリアからのメッセージ

カナダで仏教瞑想を教えていた頃、国際宗教者会議でカソリックのロルフ神父と出会いました。彼は私をモントリオールのオカにあるテラピスト派の修道院に連れて行ってくれました。そこで三日間ほど瞑想させていただいた朝のこと、マリア像の前に座って瞑想していると、あるメッセージが降りてきました。それは「あなたにこの子を授けます」と突然に始まりました。「えっ、独身の修行者だから……」と思いましたが、想念に接するときと同じようにそのまま受け取ると、次のように続きました。

「この子は、キリストが十字架の上で何を教えてくれたのかを明らかにしてくれるでしょう。人は神の光に照らされたいと言葉のうえでは欲しますが、実際にその光に照らされると自分の影を見て恐れおののき、お互いに他人を指さして争い始めます。私は、あなたに新しい世代を育ててほしいのです。新しい世代の子どもたちは、神の光に照らされて自分の影を見たとき、自分自身を知るためにその影を使うことができるようになります。そんな子どもたちを育ててくれるよう、私はあなたにこの子を授けます」

迎えに来てくれたロルフにこの話をすると、彼は近くの神学校を案内してくれて、ひとりのシスターを紹介してくれました。私がこのメッセージのことを話し終えると、彼女は「それで、あなたはそのときどんな気持ちだったの?」と尋ねてきました。「いつもと同じように、とても静かだったよ」と答えると、「そう、ありがとう。話してくれた記念に、私の机の上にあるもので気に入ったものがあったら、何でも好きなものを一つ持っていきなさい」とほほ笑んでくれました。私は机の上から、迷うことなくマリアが幼子を抱いたタブレットを選んでお土産にもらいました。

仏像は好きでない私ですが、このタブレットはずっと持ち歩いて今でも大切にしています。それから私にとってのマリアは、キリスト教の中でマインドフルネス瞑想を実践した第一人者のように思っています。自分の子どもが十字架にかけられるその一部始終を近くで見守ったからです。苦しみの下に立つこと（to stand under the suffering)、それこそが苦を理解する（understand the suffering）というマインドフルネスの本質を生きることだと思います。そして、メッセージの中の「この子」とは、私自身でもあり、私の中に生きるブッダやキリストのことだったのかもしれないと思います。

スーフィーとの出会いから

マリアからのメッセージと前後して、イスラム教の密教であるスーフィーの先生が二人の弟子を瞑想会に送ってくれました。そのお礼に、私も彼のワークショップに参加してみました。彼の叩くドラムに合わせてみんなが思いおもいに踊って、ほどよく疲れた頃、床に横になって目を閉じて、余韻を味わいながら瞑想します。そんなワークショップの昼休み、彼は私を招いて密教の本質について語ってくれました。「ウィマラ、密教の本質というのはね、四五歳を過ぎて、二人の子どもを育てたくらいの経験のある人にしか伝えられないものなのだよ……」

そのときの私には、それが何を意味するのかよくわかりませんでした。しかし、日本に帰って、仏教の密教である真言宗の高野山大学に招かれてスピリチュアルケアの教育と研究に携わるようになって、彼の語ってくれたことの意味が少しずつわかってきました。死を受けとめるプロセスを黒子のよ

『病院安全教育』特設サイト
「この時期に最前線で活躍されている皆さまへ」

うに支えていくスピリチュアルケアの学びを通して、あらためて人生最初期の子育てと愛着形成の大切さを実感し、それがそのままマインドフルネスの実践になっていることを痛感するようになったからです。遅まきながら二人の子どもを授かり、子育ての苦楽を通してスーフィーの言葉をかみしめています。

死念の再構築

パンデミックの中で医療や介護、保育などの最前線で頑張ってくれている人たちのために、自分に何ができるかを考えました。よりよい休養を取ってもらえるように、マインドフルネスの指導者仲間に声をかけて短めのインストラクションを作ってもらい、知り合いの編集者が担当している医療雑誌のＨＰに無料で閲覧してもらえるサイトを作ることができました。オミクロン株による第六波がどうなるか懸念される今、タイミングを見計らって死念（maraṇa-sati）の瞑想を紹介して、このサイトの最後のコンテンツにしたいと考えています。

死念は、解脱の入口に到達した修行者たちが好んで修行するとされるもので、ポストコロナに向けてとても重要な役割を果たすものだと思っています。仏教心理学では受精した瞬間からいのちが始まると考えます。死念では、胎内での死からはじめて、生まれる過程での死、子どもの死——事故死や自殺も含めて——寿命を全うした大往生など、あらゆる死の可能性を具体的に想像しながら自分の身に引き当て、今ここで生かされていることのありがたさを感じて生を充実させていきます。

死念を工夫することによって、自分自身が自然の一部であること、その自然を大切にすることが自分を大切にすることでもあることに気づき、「今だけ、ここだけ、自分だけ」よければよいという考え方を脱して、地球を搾取し尽くす生き方から方向転換していく道のりを考えるための土台が得られるのではないかと思います。

神と貨幣への信仰を超える

現代人は生殖医療と再生医療、そしてそれらを支える遺伝子操作技術によって神の領域に踏み込みつつあります。死念と同じマインドフルネスの応用編に神随念（devatānussati）があります。神のもつ力と徳を思い、どのようにしてその力や徳を培ってきたのか、自分の中にそのような人徳があるかどうかを振り返り、あればそのことを喜び、なければ養っていくように努力する実践です。

神に近い力をもつようになってしまった私たちは、その力をどのように使うかに慎重になるべきであり、その力を使いこなすための倫理や道徳性を育む必要があります。神にすがってみずからの行為の結果を浄化してもらえると思い込むような生き方は、さらなる自然破壊をもたらすだけであり、もはや許されないところにきてしまっています。

貨幣が利益を生み、幸せを生むという信仰も考え直すべきときにきています。ナオミ・クライン（Naomi Klein：1970-）の指摘するショックドクトリンのような仕方で、戦争や災害を搾取のための口実に使って利益を上げたと思い込んでいる経済システムが、私たちをどこに連れて行こうとしているのかについて、考え直すことのできる瀬戸際まできてしまっているのです。

「今ここ」での問題に取り組むことを通して戦争のトラウマを癒す

家で死ぬ人の数より病院で死ぬ人の数のほうが多くなった一九七〇年代後半から続いていきた、金属バット殺人事件、家庭内暴力、神戸の少年連続殺人事件、引きこもり、そして昨今八〇五〇問題と呼ばれるような世代間の問題の背景には第二次世界大戦の集団的なトラウマの影響が幽霊のように漂い続けているように感じます。こうした出来事を個人的な問題として捉えるだけではなく、背後に流れる社会的問題を含めて解決を模索する視点が必要です。

そのためには、聴くマインドフルネス・話すマインドフルネスの実践を、個人・家庭・社会の各レベルがつながり合っていくような形で実践していくことが求められます。そうした実践が、到来しつつある超大量死時代において「どのようにして死んでいきたいのか、最期のときをどのように過ごしたいのか」「どのようにして看取りたいのか」というテーマについて心を開いて話し合えるコミュニティを生み育て、ポストコロナ社会の方向を模索していくための原動力にもなってくれるのではないかと期待しています。

井上ウィマラ

ハイマー病者からみた世界』クリエイツかもがわ, 2003年
(6) クリスティーン・ブライデン（馬籠久美子, 桧垣陽子訳）『私は私になっていく—認知症とダンスを 改訂新版』クリエイツかもがわ, 2012年
(7) ユージン T. ジェンドリン（村山正治他訳）『フォーカシング』福村出版, 1982年
(8) C. ロジャーズ「クライエント・センタード／パーソン・センタード・アプローチ」H. カーシェンバウム, V.L. ヘンダーソン編（伊東博, 村山正治監訳）『ロジャーズ選集—カウンセラーなら一度は読んでおきたい厳選33論文 上』163頁, 誠信書房, 2001年
(9) 恒藤暁, 田村恵子編集『緩和ケア（系統看護学講座 別巻7 第3版）』259-264頁, 医学書院, 2020年
(10) スティーヴン・レヴァイン（菅靖彦, 飯塚和恵訳）『めざめて生き、めざめて死ぬ』春秋社, 1999年
(11) 中村元訳『ブッダのことば—スッタニパータ』11-14頁, 岩波書店, 1984年

母子共生と個体化』黎明書房, 2001 年

第六章　いのちの全体性

いのちのための技術（杉浦義典）

（1）ミシェル・フーコー（小林康夫, 石田英敬, 松浦寿輝編）『フーコー・コレクション 6（生政治・統治）』ちくま学芸文庫, 2006 年
（2）Østergaard, S.D., Schmidt, M., Horváth-Puhó, E. et al.(2021). Thromboembolism and the Oxford-AstraZeneca COVID-19 vaccine: Side-effect or coincidence? *Lancet* 397(10283): 1441-1443.
（3）Tiede, A., Sachs, U.J., Czwalinna, A. et al.(2021). Prothrombotic immune thrombocytopenia after COVID-19 vaccination. *Blood* 138(4): 350-353.
（4）'Daily vs. Total confirmed COVID-19 cases per million people' Our World in Data.(https://ourworldindata.org/grapher/total-and-daily-covid-cases-per-million)
（5）Bousquet, J., Anto, J.M., Czarlewski, W. et al.(2021). Cabbage and fermented vegetables: From death rate heterogeneity in countries to candidates for mitigation strategies of severe COVID-19. *Allergy* 76(3): 735-750.
（6）Bartels, D.M., Pizarro, D.A. (2011). The mismeasure of morals: Antisocial personality traits predict utilitarian responses to moral dilemmas. *Cognition* 121(1): 154-161.
（7）Vyas, K., Jameel, L., Bellesi, G. (2017). Derailing the trolley: Everyday utilitarian judgments in groups high versus low in psychopathic traits or autistic traits. *Psychiatry Res* 250: 84-91.
（8）Patil, I. (2015). Trait psychopathy and utilitarian moral judgement: The mediating role of action aversion. *J Cogn Psychol* (Hove) 27(3): 349-366.
（9）石井公成『東アジア仏教史』岩波新書, 2019 年
（10）ミシェル・フーコー（田村俶訳）『性の歴史 3（自己への配慮）』新潮社, 1987 年

いのちの全体性をめぐって（井上ウィマラ）

（1）J. カバットジン（春木豊訳）『マインドフルネスストレス低減法』2 頁, 北大路書房, 2007 年
（2）高楠順次郎監修, 渡辺照宏訳『南伝大蔵経 第 3 巻 律蔵 3』OD 版, 82-94 頁, 大蔵出版, 2003 年
（3）A. ミンデル（青木聡訳, 永沢哲監修）『紛争の心理学—融合の炎のワーク』81-125 頁, 講談社, 2001 年
（4）ダニエル N. スターン（奥寺崇監訳, 津島豊美訳）『プレゼントモーメント—精神療法と日常生活における現在の瞬間』岩崎学術出版社, 2007 年
（5）クリスティーン・ボーデン（桧垣陽子訳）『私は誰になっていくの？—アルツ

神分析理論―自我の芽ばえと母なるもの』79-92頁, 岩崎学術出版社, 1977年
（7）Fraiberg, S., Fraiberg, L. (1987). *Selected Writings of Selma Fraiberg*. Ohio State University Press, pp. 100-136.
（8）マイケル・バリント, イーニット・バリント（小此木啓吾監修, 山本喜三郎訳）『医療における精神療法の技法―精神分析をどう生かすか』150頁, 誠信書房, 2000年

第五章　赤ちゃんと音楽

絆を作るメカニズム（杉浦義典）

（1）ジル・ドゥルーズ, フェリックス・ガタリ（宇野邦一訳）『アンチ・オイディプス―資本主義と分裂症　上・下』河出文庫, 2006年
（2）ミシェル・フーコー（小林康夫, 石田英敬, 松浦寿輝編）『フーコー・コレクション6（生政治・統治）』ちくま学芸文庫, 2006年
（3）Mitchell, I.J., Smid, W., Troelstra, J. et al. (2013). Psychopathic characteristics are related to high basal urinary oxytocin levels in male forensic patients. *J Forens Psychiatry Psychol* 24(3): 309-318.
（4）Meltzoff, A.N., Moore, M.K. (1977). Imitation of facial and manual gestures by human neonates. *Science* 198(4312), 75-78.
（5）Ebert, A., Kolb, M., Heller, J. et al. (2013). Modulation of interpersonal trust in borderline personality disorder by intranasal oxytocin and childhood trauma. *Soc Neurosci* 8(4): 305-313.
（6）Riem, M.M.E., van IJzendoorn, M.H., Tops, M. et al. (2013). Oxytocin effects on complex brain networks are moderated by experiences of maternal love withdrawal. *Eur Neuropsychopharmacol* 23(10): 1288-1295.
（7）吉田海渡, 横山正典, 鳴海拓志他「聴衆反応を単一アバタに集約することによる遠隔講義支援システムの開発」『第23回日本バーチャルリアリティ学会大会論文集』(http://conference.vrsj.org/ac2018/program2018/pdf/13C-2.pdf)
（8）Rizzolatti, G., Fadiga, L., Gallese, V. et al. (1996). Premotor cortex and the recognition of motor actions. *Cogn Brain Res* 3(2), 131-141.
（9）ジル・ドゥルーズ, フェリックス・ガタリ（宇野邦一, 小沢秋広, 田中敏彦他訳）『千のプラトー―資本主義と分裂症　上・中・下』河出書房新社, 2010年

マインドフルネスで赤ちゃんから人生を学ぶ（井上ウィマラ）

（1）スティーヴン・マロック, コルウィン・トレヴァーセン編（根ケ山光一, 今川恭子, 蒲谷槙介他監訳）『絆の音楽性―つながりの基盤を求めて』音楽之友社, 2018年
（2）ダニエル・スターン（亀井よし子訳）『もし、赤ちゃんが日記を書いたら』草思社, 1992年
（3）M.S. マーラー他著（高橋雅士, 織田正美, 浜畑紀訳）『乳幼児の心理的誕生―

庫, 筑摩書房, 1998 年
(24) Quoidbach, J., Gilbert, D.T., Wilson, T.D. (2013). The end of history illusion. *Science* 339(6115): 96-98.

子育てから看取りまでのマインドフルネス（井上ウィマラ）

（1）高楠順次郎監修, 水野弘元訳『南伝大蔵経 第 63 巻（清浄道論 2）』OD 版, 185-187 頁, 大蔵出版, 2004 年
（2）Gethin, R.M.L. (2001) *The Buddhist Path to Awakening.* Oneworld, p. 49.
（3）D.W. ウィニコット（牛島定信訳）「親と幼児の関係に関する理論」『情緒発達の精神分析理論—自我の芽ばえと母なるもの』35 頁, 岩崎学術出版社, 1977 年
（4）D.N. スターン（神庭靖子, 神庭重信訳）『乳児の対人世界 理論編』162-187 頁, 岩崎学術出版社, 1989 年
（5）ロバート・エムディ（中久喜雅文, 高橋豊, 生地新監訳）「情緒応答性の研究における次のステップ」『精神分析と乳幼児精神保健のフロンティア』279-288 頁, 金剛出版, 2018 年
（6）マイクル・バリント（中井久夫訳）『治療論からみた退行—基底欠損の精神分析』金剛出版, 1978 年
（7）　(1979). *Majjhima Nikāya*, I. Pāli Text Society, P. 60.
（8）　(1979). *Anguttara Nikāya*, V. Pāli Text Society, P. 88.
（9）R.J. リフトン（渡辺牧, 水野節夫訳）『現代、死にふれて生きる—精神分析から自己形成パラダイムへ』30-31 頁, 有信堂高文社, 1989 年

第四章　自己と他者

自己を丁寧に相対化する（杉浦義典）

（1）佐藤徳「自己感の社会的構成—試論」『エモーション・スタディーズ』5 巻 1 号, 16-24 頁, 2020 年
（2）フランク・W・パトナム（中井久夫訳）『解離—若年期における病理と治療 新装版』みすず書房, 2017 年

映し合う自他の世界をマインドフルに見つめる（井上ウィマラ）

（1）ジャコモ・リゾラッティ, コラド・シニガリア（柴田裕之訳, 茂木健一郎監修）『ミラーニューロン』紀伊國屋書店, 2009 年
（2）神田橋条治『精神科診断面接のコツ』64-65 頁, 岩崎学術出版社, 1984 年
（3）中沢新一『レンマ学』講談社, 2019 年
（4）井上ウィマラ「四摂法」井上ウィマラ, 葛西賢太, 加藤博己編『仏教心理学キーワード事典』66 頁, 春秋社, 2012 年
（5）村上真完, 及川真介訳註『仏のことば註—パラマッタ・ジョーティカー 1 新装版』496-530 頁, 春秋社, 2009 年
（6）D.W. ウィニコット（牛島定信訳）「思遣りをもつ能力の発達」『情緒発達の精

nature of human gaze but not robot gaze. *J Exp Child Psychol* 116(1): 86-95.
(9) Hamlin, J.K., Wynn, K., Bloom, P. (2007). Social evaluation by preverbal infants. *Nature* 450(7169): 557-559.
(10) Kanakogi, Y., Okumura, Y., Inoue, Y. et al.(2013). Rudimentary sympathy in preverbal infants: Preference for others in distress. *PLoS One* 8(6): e65292.
(11) Kanakogi, Y., Inoue, Y., Matsuda, G. et al.(2017). Preverbal infants affirm third-party interventions that protect victims from aggressors. *Nat Hum Behav* 1(2): 0037.
(12) 金山弥平「ソクラテスからヘレニズム哲学にいたる「よく生きるための知」—道田論文と楠見論文と伊藤論文へのコメント」『心理学評論』61巻3号, 295-300頁, 2018年
(13) Philippe, R.J., Paul, I. (2009). A general factor of personality (GFP) from the multidimensional personality questionnaire. *Pers Individ Differ* 47(6): 571-576.
(14) Erdle, S., Rushton, J.P. (2011). Does self-esteem or social desirability account for a general factor of personality (GFP) in the Big Five? *Pers Individ Differ* 50(7): 1152-1154.
(15) Pelt, D.H.M., van der Linden, D., Dunkel, C.S. et al.(2017). The general factor of personality and job performance: Revisiting previous meta - analyses. *Int J Sel Assess* 25(4): 333-346.
(16) van der Linden, D., Pekaar, K.A., Bakker, A.B. et al.(2017). Overlap between the general factor of personality and emotional intelligence: A meta-analysis. *Psychol Bull* 143(1): 36-52.
(17) Caspi, A., Houts, R.M., Belsky, D.W. et al.(2014). The p factor: One general psychopathology factor in the structure of psychiatric disorders?. *Clin Psychol Sci* 2(2): 119-137.
(18) Oltmanns, J.R., Smith, G.T., Oltmanns, T.F. et al.(2018). General factors of psychopathology, personality, and personality disorder: Across domain comparisons. *Clin Psychol Sci* 6(4): 581-589.
(19) Figueredo, A.J., Vásquez, G., Brumbach, B.H. et al.(2005). The K-factor: Individual differences in life history strategy. *Pers Individ Differ* 39(8): 1349-1360.
(20) Dunkel, C.S., Decker, M. (2010). Convergent validity of measures of life-history strategy. *Pers Individ Differ* 48(5): 681-684.
(21) Dunkel, C.S., Kim, J.K., Papini, D.R. (2012). The general factor of psychosocial development and its relation to the general factor of personality and life history strategy. *Pers Individ Differ* 52(2): 202-206.
(22) Hurst, J.E., Kavanagh, P.S. (2017). Life history strategies and psychopathology: The faster the life strategies, the more symptoms of psychopathology. *Evol Hum Behav* 38(1): 1-8.
(23) 宮台真司『終わりなき日常を生きろ—オウム完全克服マニュアル』ちくま文

南方仏教哲学教義概説』164-165頁, アビダンマッタサンガハ刊行会, 1992年
(8) 井上ウィマラ「二十四縁（縁起のさらなる分析）」井上ウィマラ, 葛西賢太, 加藤博己編『仏教心理学キーワード事典』36-38頁, 春秋社, 2012年
(9) 井上ウィマラ「縁起」井上ウィマラ, 葛西賢太, 加藤博己編『仏教心理学キーワード事典』6-8頁, 春秋社, 2012年
(10) S. フロイト（井村恒郎他訳）「想起、反復、徹底操作」『フロイト著作集6』49-58頁, 人文書院, 1970年
(11) S. フロイト（小此木啓吾訳）「分析医に対する分析治療上の注意」『フロイト著作集9』78-86頁, 人文書院, 1983年
(12) マーク・エプスタイン（井上ウィマラ訳）『ブッダのサイコセラピー──心理療法と“空”の出会い』158-159頁, 春秋社, 2009年
(13) C.G. ユング（林道義訳）「精神分析と連想実験」『連想実験 新装』51-105頁, みすず書房, 2000年
(14) C.G. ユング（林道義訳）「家族的布置」『連想実験 新装』107-128頁, みすず書房, 2000年

第三章　育つことと死ぬこと

慈悲の進化論と目的論（杉浦義典）

(1) Sadeh, N., Verona. E. (2008). Psychopathic personality traits associated with abnormal selective attention and impaired cognitive control. *Neuropsychology* 22 (5): 669-680.
(2) Tamura, A., Sugiura, Y., Sugiura, T. (2016). Attention moderates the relationship between primary psychopathy and affective empathy in undergraduate students. *Psychol Rep* 119(3): 608-629.
(3) 砂田安秀, 杉浦義典「マインドフルネスは有害な行動にむすびつくか？─マインドフルネスと能動的攻撃の関連に対する危害／ケアの調整効果」『パーソナリティ研究』30巻1号, 1-11頁, 2021年
(4) 砂田安秀, 杉浦義典, 伊藤義徳「マインドフルネスに倫理は必要か？─マインドフルネスと無執着・視点取得の関連に対する倫理の調整効果の検討」『パーソナリティ研究』28巻2号, 150-159頁, 2019年
(5) 浅田稔「人工痛覚が導く意識の発達過程としての共感、モラル、倫理」『哲学』70号, 14-34頁, 2019年
(6) Baraglia, J., Nagai, Y., Asada, M. (2014). Prediction error minimization for emergence of altruistic behavior. In: IEEE ICDL-EPIROB 2014: The Fourth Joint IEEE International Conference on Development and Learning and on Epigenetic Robotics. pp. 281-286, IEEE.
(7) Reid, V.M., Dunn, K., Young, R.J. et al. (2017). The human fetus preferentially engages with face-like visual stimuli. *Curr Biol* 27(12): 1825-1828.
(8) Okumura, Y., Kanakogi, Y., Kanda, T. (2013). Infants understand the referential

experience. *Emotion* 10(1): 54-64.
(4) 田中圭介, 杉浦義典, 神村栄一「心配に対する注意訓練とマインドフルネスの比較」『人間科学研究』 5 巻, 47-55 頁, 2010 年
(5) Siegle, G.J., Ghinassi, F., Thase, M.E. (2007). Neurobehavioral therapies in the 21st century: Summary of an emerging field and an extended example of cognitive control training for depression. *Cognit Ther Res* 31(2): 235-262.
(6) Sugiura, Y., Sugiura, T. (2015). Emotional intensity reduces later generalized anxiety disorder symptoms when fear of anxiety and negative problem-solving appraisal are low. *Behav Res Ther* 71: 27-33.
(7) Posner, M.I., Rothbart, M.K. (2007). Research on attention networks as a model for the integration of psychological science. *Annu Rev Psychol* 58: 1-23.
(8) Fan, J., McCandliss, B.D., Sommer, T. (2002). Testing the efficiency and independence of attentional networks. *J Cogn Neurosci* 14(3): 340-347.
(9) Ainsworth, B., Eddershaw, R., Meron, D. (2013). The effect of focused attention and open monitoring meditation on attention network function in healthy volunteers. *Psychiatry Res* 210(3): 1226-1231.
(10) van den Hurk, P.A.M., Giommi, F., Gielen, S.C. (2010). Greater efficiency in attentional processing related to mindfulness meditation. *Q J Exp Psychol (Hove)* 63(6): 1168-1180.
(11) Jha, A.P., Krompinger, J., Baime, M.J. (2007). Mindfulness training modifies subsystems of attention. *Cogn Affect Behav Neurosci* 7: 109-119.
(12) 田中圭介, 杉浦義典「実行機能とマインドフルネス」『心理学評論』58 巻 1 号, 139-152 頁, 2015 年
(13) 高田圭二「体験の観察が well-being を向上させる条件—無執着の観点から」『心理学評論』63 巻 2 号, 192-215 頁, 2020 年

ブッダがマインドフルネスに託したもの（井上ウィマラ）

(1) 片山一良訳『中部—後分五十経篇 I （パーリ仏典 第 1 期 5）』大蔵出版, 2001 年
(2) 高楠順次郎監修, 上田天瑞訳『南伝大蔵経 第 1 巻 律蔵 1 』OD 版, 113-117 頁, 大蔵出版, 2003 年
(3) 三木成夫『生命の形態学—地層・記憶・リズム』うぶすな書院, 2013 年
(4) 井上ウィマラ「観の汚染」井上ウィマラ, 葛西賢太, 加藤博己編『仏教心理学キーワード事典』84 頁, 春秋社, 2012 年
(5) アヌルッダ著（ウ・ウエープッラ, 戸田忠訳註）『アビダンマッタサンガハ—南方仏教哲学教義概説』92-122 頁, アビダンマッタサンガハ刊行会, 1992 年
(6) 井上ウィマラ「有分心（生命を支える心）」井上ウィマラ, 葛西賢太, 加藤博己編『仏教心理学キーワード事典』39 頁, 春秋社, 2012 年
(7) アヌルッダ著（ウ・ウエープッラ, 戸田忠訳註）『アビダンマッタサンガハ—

（5）J. カバットジン（春木豊訳）『マインドフルネスストレス低減法』北大路書房, 2007 年
（6）Z.V. シーガル, J.M.G. ウィリアムズ, J.D. ティーズデール（越川房子監訳）『マインドフルネス認知療法―うつを予防する新しいアプローチ』33 頁, 北大路書房, 2007 年

第一章 『鬼滅の刃』とマインドフルネス

マインドフルネスの視点から『鬼滅の刃』を読み解く（井上ウィマラ）

（1）ジャック・ラカン（宮本忠雄訳）「〈わたし〉の機能を形成するものとしての鏡像段階―精神分析の経験がわれわれに示すもの」宮本忠雄, 竹内迪也, 高橋徹他訳『エクリⅠ』123-134 頁, 弘文堂, 1972 年
（2）D.W. ウィニコット（橋本雅雄, 大矢泰士訳）「子どもの発達における母親と家族の鏡 - 役割」『遊ぶことと現実 改訳』156-166 頁, 岩崎学術出版社, 2015 年
（3）S. フロイト（井村恒郎他訳）「想起、反復、徹底操作」『フロイト著作集 6』49-58 頁, 人文書院, 1970 年
（4）メラニー・クライン（小此木啓吾, 岩崎徹也責任編訳）『羨望と感謝（メラニー・クライン著作集 5）』誠信書房, 1996 年
（5）世阿弥原著（小西甚一編訳）『風姿花伝 花鏡』タチバナ教養文庫, 2012 年

予測モデルと輪廻、免疫と鬼（杉浦義典）

（1）リサ・フェルドマン・バレット（高橋洋訳）『情動はこうしてつくられる―脳の隠れた働きと構成主義的情動理論』紀伊國屋書店, 2019 年
（2）ミシェル・フーコー（田村俶訳）『監獄の誕生―監視と処罰 新装版』新潮社, 2020 年
（3）Killingsworth, M.A., Gilbert, D.T. (2010). A wandering mind is an unhappy mind. *Science* 330(6006): 932.
（4）Sugiura, Y., Sugiura, T. (2020). Relation between daydreaming and well-being: Moderating effects of otaku contents and mindfulness. *J Happiness Stud* 21: 1199-1223.

第二章 認知・記憶と注意・集中

実践に近づきつつある実験的研究（杉浦義典）

（1）Wells, A. (2009). *Metacognitive therapy for anxiety and depression*. Guilford Press.（熊野宏昭, 今井正司, 境泉洋監訳『メタ認知療法―うつと不安の新しいケースフォーミュレーション』日本評論社, 2012 年）
（2）杉浦義典「治療過程におけるメタ認知の役割―距離をおいた態度と注意機能の役割」『心理学評論』50 巻 3 号, 328-340 頁, 2007 年
（3）Jha, A.P., Stanley, E.A., Kiyonaga, A. et al. (2010). Examining the protective effects of mindfulness training on working memory capacity and affective

参考文献

はじめに

（1）山岡重行編著『サブカルチャーの心理学—カウンターカルチャーから「オタク」「オタ」まで』福村出版, 2020年

（2）Segal, Z.V., Williams, J.M.G., Teasdale, J.D. (2002). *Mindfulness-based cognitive therapy for depression: A new approach to preventing relapse*. Guilford Press.（越川房子監訳『マインドフルネス認知療法—うつを予防する新しいアプローチ』北大路書房, 2007年）

序　章

再会と円環（杉浦義典）

（1）Teasdale, J.D., Dent, J. (1987). Cognitive vulnerability to depression: An investigation of two hypotheses. *Br J Clin Psychol* 26(2): 113-126.

（2）Williams, J.M.G., Watts, F.N., MacLeod, C.M. et al. (1997). *Cognitive psychology and emotional disorders*, 2nd edition. John Wiley & Sons.

（3）Lévesque, J., Fanny, E., Joanette, Y.et al. (2003). Neural circuitry underlying voluntary suppression of sadness. *Biol Psychiatry* 53(6): 502-510.

（4）Beauregard, M., Lévesque, J., Bourgouin, P. (2001). Neural correlates of conscious self-regulation of emotion. *J Neurosci* 21(18): RC165.

（5）Killingsworth, M.A., Gilbert, D.T. (2010). A wandering mind is an unhappy mind. *Science* 330(6006): 932.

（6）エルンスト・マッハ著, 廣松渉編訳『認識の分析』法政大学出版局, 2002年

（7）ハイエク著, 西山千明監修『科学による反革命（ハイエク全集 第2期 第3巻）』春秋社, 2011年

マインドフルネスの故郷を訪ねて（井上ウィマラ）

（1）Gethin, R. (2011). On some definitions of mindfulness. *Contemp Buddhism* 12(1): 263-279.

（2）高楠順次郎監修, 渡辺照宏訳『南伝大蔵経 第3巻 律蔵3』OD版, 525-528頁, 大蔵出版, 2003年

（3）井上ウィマラ『看護と生老病死—仏教心理で困難な事例を読み解く』三輪書店, 2010年

（4）Anālayo (2003). Satipaṭṭhāna: The direct path to realization. pp.29-30. Windhorse.

杉浦義典（すぎうら・よしのり）
広島大学大学院人間社会科学研究科准教授。東京大学教育学部卒業。東京大学大学院教育学研究科博士課程修了。博士（教育学）。日本学術振興会特別研究員を経て、2004年信州大学人文学部助教授。2007年10月より現職。専門分野は異常心理学で、心配、強迫性障害、サイコパシーといった幅広い病理のメカニズムを認知心理学的なアイデアを用いながら研究している。フジテレビ『ホンマでっか!?TV』に出演。主な著書に『他人を傷つけても平気な人たち』（河出書房新社）、『アナログ研究の方法』（新曜社）など。

井上ウィマラ（いのうえ・うぃまら）
マインドフルライフ研究所オフィス・らくだ主宰。京都大学文学部哲学科中退。曹洞宗とテーラワーダ仏教で出家修行し、カナダ・イギリス・アメリカで仏教瞑想を指導しながら心理療法を学ぶ。マサチューセッツ州バリー仏教研究所客員研究員を経て還俗後、マサチューセッツ大学医学部ストレス緩和プログラム（MBSR）を特待生として研修修了。2005年より高野山大学准教授、2013年より同教授、2019年より健康科学大学教授。2021年4月より現職。NHK『こころの時代』に出演。主な著書に『子育てから看取りまでの臨床スピリチュアルケア』（興山舎）、『呼吸による気づきの教え』（佼成出版社）など。

私《わたし》たちはまだマインドフルネスに出《で》会《あ》っていない
——心理学《しんりがく》と仏教《ぶっきょう》瞑想《めいそう》による創発的対話《そうはつてきたいわ》

2022年6月20日　第1版第1刷発行

著　者　杉浦義典
　　　　井上ウィマラ
発行所　株式会社日本評論社
　　　　〒170-8474　東京都豊島区南大塚3-12-4
　　　　03-3987-8621（販売）　-8598（編集）
印刷所　港北出版印刷株式会社
製本所　井上製本所
装　幀　図工ファイブ
検印省略　
ISBN 978-4-535-98513-1　Printed in Japan